16	3	2	13
5	10	11	8
9	6	7	12
4	15	14	1

Edimilson de Almeida Pereira

POESIA +
(antologia 1985-2019)

Prefácio de Roberto Zular

editora■34

EDITORA 34

Editora 34 Ltda.
Rua Hungria, 592 Jardim Europa CEP 01455-000
São Paulo - SP Brasil Tel/Fax (11) 3811-6777 www.editora34.com.br

Copyright © Editora 34 Ltda., 2019
Poesia + © Edimilson de Almeida Pereira, 2019

A FOTOCÓPIA DE QUALQUER FOLHA DESTE LIVRO É ILEGAL E CONFIGURA UMA
APROPRIAÇÃO INDEVIDA DOS DIREITOS INTELECTUAIS E PATRIMONIAIS DO AUTOR.

Imagem da capa:
Edimilson de Almeida Pereira em retrato de Prisca Agustoni, 2006

Capa, projeto gráfico e editoração eletrônica:
Bracher & Malta Produção Gráfica

Revisão:
Cide Piquet
Alberto Martins
Danilo Hora

1ª Edição - 2019

CIP - Brasil. Catalogação-na-Fonte
(Sindicato Nacional dos Editores de Livros, RJ, Brasil)

Pereira, Edimilson de Almeida
P339p   Poesia + (antologia 1985-2019) /
Edimilson de Almeida Pereira; prefácio de
Roberto Zular — São Paulo: Editora 34, 2019
(1ª Edição).
384 p.

ISBN 978-85-7326-753-2

1. Poesia brasileira contemporânea.
I. Zular, Roberto. II. Título.

CDD - 869.1B

POESIA +
(antologia 1985-2019)

Prefácio, *Roberto Zular* 7

Nota do autor 25

Esse corpo 27
Poesia + ... 67
Ideias do mar 113
Ondas do rádio 161
Imperfeito cantar 189
Palavra-pênsil 219
Casa-múndi 267
Inéditos 325

Notas 366

Índice dos poemas 369
Fontes dos poemas 375
Sobre o autor 377

A DIGNIDADE DA POESIA

Roberto Zular[1]

Há algo a mais na poesia de Edimilson de Almeida Pereira, ao mesmo tempo um excesso e uma falta, uma clareza e uma opacidade que se tocam e se tensionam constantemente. Os poemas aqui reunidos são um espaço em constante transformação, sobre o qual paira uma voz singular que se mantém a uma distância justa dos fluxos que engenhosamente reinventa. Nada aqui está dado ou acabado, tudo se movimenta sob e sobre a tentativa de articular os diversos planos de experiência que tornam possível a própria experiência poética.

Como em uma modelagem fractal, cada poema é uma antologia dessa diversidade de planos, ao mesmo tempo que a própria antologia multiplica fractalmente essa diversidade. Trata-se, sim, de uma poesia negra e/ou afro-brasileira, esculpida na pedra dura da violência e da exclusão, mas se trata, também, ao mesmo tempo, ainda de poesia, da difícil potência ética do dizer que faz dialogar essa experiência com aquela do opressor e, mais, com a invenção de si mesmo e da linguagem, da cosmologia e da história, da educação dos cinco sentidos e das gramáticas dos afetos contra todos que tentam reduzi-la à camisa de força de um nicho cultural.

---

[1] Dedico este texto a Álvaro Faleiros, que me apresentou a poesia de Edimilson de Almeida Pereira e generosamente me deixou conviver com os seus livros, com suas anotações e com suas ideias.

Aqui são colocados em xeque, por uma total inversão de ponto de vista, os pressupostos poéticos, metafísicos e políticos da formação da literatura brasileira, como também os gestos de apropriação da cultura negra e/ou afro-brasileira pelo modernismo. Como procuraremos mostrar, esse diálogo com a poesia brasileira propõe um modo de organização da voz, do ritmo, da relação com a tradição que não é apenas um deslocamento ou uma ruptura, mas a força propositiva de inserção social de novos modos de organização do campo simbólico. Assim, se esta é uma poesia que coloca em questão o corpo a ponto de relacionar a produção de sentido com a dança e o pertencimento a um corpo coletivo, ela o faz para reinventar as formas de pensamento em um gesto que liga a prática poética do autor com sua pesquisa sobre a tradição banto na cultura popular mineira, sobre o cantopoema, sobre a própria poesia, e com seu trabalho como professor.

A poesia é mais e não é apenas um suplemento do vivido ou da fala, a poesia é um sinal de que ainda são possíveis outras formas de articulação de uma postura ética e política na multiplicidade da vida. Como o leitor perceberá na peculiar sintaxe dos seus versos, busca-se aqui não apenas a multiplicidade, mas a invenção de acoplagens e conexões, que são justamente a força dessa poesia. Trata-se de uma sintaxe que mantém viva a elegância da frase, que se sustenta como pode nesse mundo em que tudo gira, em que o mais é menos e o menos é mais, em que a voz se faz silêncio e o silêncio se faz latência, o corpo se faz linguagem e a linguagem, corpo.

"Esse corpo" que escreve esta antologia e que se abre para outros corpos propõe que a poesia seja algo aquém e além da fala — um traço, um sinal, um gesto —, algo se propagando como as ondas das "ideias do mar" ou as vozes e canções nas "ondas do rádio", um "imperfeito cantar" ou a "palavra-pênsil" que corre o risco de inventar pontes entre a casa e o mundo, uma "casa-múndi", produzindo relações entre a violência e o encontro, o encanto e a destruição, mas sempre, sempre por se fazer. Na poesia de Edimilson de Almeida Pereira nada é apenas um dado, tudo está em ebulição como a própria antologia que reinventa o modo de ser da "obra", um "anti-museu" que a coloca em um outro espaço ontológico de ressonância, ressignificando em cada nova enunciação o já escrito até reinscrever no antológico o porvir dos "inéditos": "o risco/ borda sem saber o bordado". E é nos movimentos de aproximação e distanciamento dessas bordas, ao tocar todas as dores e suas cicatrizes ("as dores usam xales/ bordados por nós mesmos"), que a voz que atravessa esses poemas encontra um equilíbrio instável, uma distância justa, enfim, um outro lugar para a enunciação poética ao qual Lezama Lima atribuía a dignidade da poesia.[2]

Transe de expressão

Essa potente relação com a escrita, no entanto, longe de um estado desencantado e longe também das vias fáceis do reencantamento reificado, propõe uma dobra do sagrado sobre o poético, mantendo-se como um equilibrista em uma corda tensa entre a incorporação dos fluxos imaginários e a lucidez do processo compositivo. Como um diquixi, monstro de muitas cabeças recorrente nos missossos angolanos, os poemas multiplicam as cabeças: uma olha para o sagrado, uma outra reverbera o corpo, outra toca montanhas, animais e plantas, outra ainda ouve as vozes nesse espaço eco-lógico, tornando-se o que toca; ainda outra elabora as diferenças do pensamento até o limite do impensável: batendo essas cabeças como um tambor, o poema torna-se um espaço de ressonância de mundos heterogêneos que se atravessam, se chocam, se sobrepõem, se criticam, se encontram.

---

[2] José Lezama Lima, *A dignidade da poesia*, São Paulo, Ática, 1996.

E mais, no limite entre a elegância da frase e o ritmo do verso reverbera a tradição poética ocidental, a tradição afro-brasileira, as demandas da contemporaneidade e a luta de afirmação dessas e outras tradições relegadas pelo rolo compressor daquilo que chamam "realidade", que na realidade nada mais é que a velha ladainha colonial e seus pressupostos patriarcais de exploração dos corpos.

Por isso o leitor destes poemas deve estar atento para ler com muitas cabeças, muitas formas de pensamento, muitos olhos e muitos ouvidos, pois é comum que em uma mesma frase passemos por diferentes campos de determinação do sentido. É o que se evidencia, por exemplo, no recorte a seguir do potente "Instrução do homem pela poesia em seu rigoroso trabalho":

>[...] Eu e o intervalo das coisas com outras onças por dentro.
>
>O diquixi dorme com uma cabeça. Se o escrevo ganha tantas de resto. E se nunca o escrevo terá deveras uma cabeça?
>[...]
>Porém, escrevo. Para cem cartas mil lagartas. Quando a dúvida imagina sentidos a terra já se viu madrinha de meus provérbios.
>[...]
>Com modos e truques de ouvir.

Partindo do título que trata do rigor poético, chegamos a um ser de outra ordem, o diquixi,[3] que se desdobra na re-

---

[3] Cuja importância foi apontada por Laura Cavalcanti Padilha em *Novos pactos, outras ficções: ensaios sobre literaturas afro-luso-brasileiras*, Porto Alegre, Edipucrs, 2002.

lação entre o eu e o intervalo das coisas. Essa relação intervalar entre o eu e as coisas e entre as próprias coisas é atravessada pela potente metáfora da onça, a qual, por sua vez, é também um rastro metonímico de animalidade (que remete a outros tantos bichos que habitam esta antologia). O diquixi assombra a escritura com sua cabeça que dorme e as outras em vigília, mas que só existem, pergunta-se, se escritas? E a escrita se faz "cem cartas" que se transformam em mil largatas e se desdobram em outras camadas de significação que vão se produzindo na passagem da dúvida à imaginação, aos sentidos, à terra, esta enfim considerada como "madrinha dos meus provérbios"! Esse longo percurso até a configuração do lugar das sentenças proverbiais, tão caras à cultura banto,[4] abre a escrita para a oralidade atentando para "os modos e truques de ouvir". Chamando o leitor a acompanhar o fluxo dessa escuta (como uma caixa de ressonância), o poema segue por muitos e intrincados caminhos.

Esses diferentes campos de sentido que o poema aciona, no entanto, não se compõem de modo linear, como fizemos acima, mas por uma invenção contínua de novas passagens. Como se o verso fosse um meio que articula novas relações entre o sagrado e a literatura, entre o mundo e a linguagem, entre o humano e o outro-que-humano, entre diferentes regimes de imaginação (africano, ameríndio e ocidental), entre a mais potente crítica ao nosso tempo pelas questões de classe que envolvem os negros no Brasil e o abismo mais fundo da alteridade. Quem por aqui entrar deve estar disposto a habitar mais de um eu, mais de um outro: aqui não apenas o eu é um outro, como o outro é um eu e, mais ainda, "o outro do outro" (o limite da alteridade ou, se preferirem, Deus ou

---

[4] Veja-se nesse sentido o precioso trabalho de Tiganá Santana em "A cosmologia africana dos Bantu-Kongo por Bunseki Fu-Kiau: tradução negra, reflexões e diálogos a partir do Brasil", tese de doutorado, FFLCH-USP, 2019.

os deuses) nunca é o mesmo ("os inquices são e são"), ou é um modo de diferir do mesmo no outro: "Como são na diferença/ os mesmos Deus/ e Zambiapungo".

Pelo caminho que delineamos até aqui, pode-se dizer que a poética de Edimilson de Almeida Pereira propõe uma teoria expandida da interseccionalidade,[5] na qual, ao lado das questões de raça, gênero e classe, somam-se questões atinentes ao sagrado, questões cosmológicas, enunciativas, além de questões propriamente poéticas (voz, ritmo, traço, corporalidade), entre outras.

Ao afirmar o lugar da literatura negra como uma torção daquilo que entendemos por literatura ou por literatura brasileira, Edimilson afirma concomitantemente a complexidade dessa relação e as infinitas relações que ela traz em seu bojo, permitindo-se mesmo tocar em uma poética do silêncio e do segredo, em uma opacidade imanente que deixa essa poesia em estado constante de decifração. Ao se colocar contra a transparência do mundo contemporâneo e adentrar na opacidade complexa da composição de mundos, sua poesia se faz ainda mais potente ao manter-se em latência, "sob/ a pele dos números", em uma posição de oráculo.

ABRE CAMINHO, DEIXA O EXU PASSAR

Morremos pela boca, exceto Exu,
    guia de Tirésias

---

[5] Termo cunhado na esteira de Angela Davis por Kimberlé Crenshaw, em 1989, que apontava para uma leitura transversal do conceito de raça, atravessado por questões de gênero, de orientação sexual e de classe como forma de capturar as consequências da interação entre duas ou mais formas de subordinação. Uma bela apresentação do assunto foi feita por Carla Akotirene em *Interseccionalidade*, São Paulo, Sueli Carneiro/Pólen, 2019.

> que desacata Gregório de Matos
> Macunaíma e François Villon.
>> Exu calibã
>> luva insuspeita de Shakespeare
>> caçador que tem em si a caça
>> e se irrita
>> preso a uma dezena de nomes.

Se o diquixi com suas múltiplas cabeças foi uma imagem que tomamos para pensar a experiência da leitura desses poemas, é na figura de Exu que essa complexidade e sua incrível potência se torna manifesta. Esse mestre das passagens, dos caminhos e das encruzilhadas é o Orixá que instaura uma outra lógica para o funcionamento do mundo. Sendo ao mesmo tempo o demiurgo e o *trickster*, o que ordena e o que embaralha, ele é o núcleo pivotante que atravessa a voz dos poemas desta antologia e o meio pelo qual se dá a possibilidade de contato entre os diferentes mundos. Mais do que isso, segundo Vagner Gonçalves da Silva,[6] "Exu, devido ao caráter de mensageiro, é uma espécie de mediador cultural, fornecendo metáforas potentes para se pensar as relações entre os grupos étnico-raciais que compõem a sociedade brasileira. Ou, mais exatamente, um 'tropo' por meio do qual podemos refletir sobre os conflitos e alianças existentes nessas relações". Ao invés de pensar a demonização de Exu, marcada pela associação do Orixá com o diabo cristão, tristemente ainda em voga hoje no Brasil, da Silva propõe uma "exuzição" do demônio, uma capacidade de lidarmos com o atravessamento entre as diferenças, com a hibridização dos corpos, com o devir de toda experiência.

Essa relação já havia sido apontada pelo próprio autor desta antologia em seu excelente livro *Entre Orfe(x)u e Exu-*

---

[6] "Exu do Brasil: tropos de uma identidade afro-brasileira nos trópicos", em *Histórias afro-atlânticas*, vol. 2, São Paulo, MASP, 2018, p. 392.

nouveau,[7] onde destaca a importância desse orixá para se pensar uma literatura negra e/ou afro-brasileira. Mas, diferentemente do ensaio, nos poemas Exu adentra a própria enunciação, ao abrir um espaço de reviravolta no qual estamos sempre em sobressalto entre a linha do verso e a encruzilhada semântica, entre a afirmação e a negação, o masculino e o feminino, a abertura e o fechamento, o depois e o antes. Exu está antes e depois, é masculino e feminino (sobretudo na Umbanda, fazendo par com a Pombagira), abertura e fechamento, fora e dentro: Exu é a própria potência da enunciação em seu fluxo ininterrupto de novas e inesperadas enunciações.

Em um país eternamente nostálgico de determinações unívocas, a poética de Exu na lida dos poemas retoma aquela dignidade da voz como um lugar de enunciação que aceita como parte do seu funcionamento a ambiguidade da lógica, a equivocidade da linguagem, a hibridização dos corpos, a maquinação dos organismos, a heterogeneidade dos mundos. Mas não se trata aqui de mestiçagem ou de mistura; trata-se, como propõe ainda da Silva, de um "ser duplo", "um mediador entre distintos universos míticos e sociais":[8] suas duas cores, suas duas faces, o paradoxo do seu movimento são um outro modo de lidar com as dicotomias infernais que rondam o Ocidente.

Exu não está, portanto, apenas do lado da desordem ou do demônio, mas na capacidade de produzir uma posição lógica e enunciativa que articula em uma outra ordem a relação entre ordem e desordem. Isso tem a ver com questões religiosas e lógicas, mas também com questões sociais e políticas, pois ao internalizar esses dois universos e jogar com eles, Exu aponta na duplicidade do seu ser uma condição da qual

---

[7] Rio de Janeiro, Azougue, 2017.

[8] *Op. cit.*, p. 394.

não podemos escapar, ao contrário do que pensam os defensores da ordem ou da desordem. Creio que é nesse lugar de indeterminação e de aceitação que se situa a dignidade da voz desses poemas: eles buscam um lugar em que a variação, a transição, a transformação estejam em constante movimento, mas como se pudessem experimentá-los de um terceiro lugar, o lugar da própria mediação, de meio, em que se transforma o poema: ao mesmo tempo matéria e sentido, corpóreo e incorpóreo, partícula e onda, ondas do mar e do rádio, assombros e sonoridades.

> São três os tambores, como
> os fogos. Nos antigos os
> meninos: são dois
> e o terceiro tempo mordido.

No caminho aberto por Exu, não apenas a lógica se constitui sem a figura do terceiro excluído, como, a partir de um "terceiro incluído", cria um ritmo sincopado que retém algo do que veio antes nas dobras do porvir, como se criasse um hiato no qual os antigos e os meninos, a ancestralidade e a infância, são dois, mas, ao mesmo tempo, por uma síncopa no ritmo-pensamento, são também um terceiro (como os tambores do Candombe: o Santana, o Santaninha e o... Jeremia, não mencionado no poema). Esse terceiro implica em novas relações, produzindo um hiato, um tempo mordido entre a memória e a imaginação, o passado e o futuro que passa do micromovimento no poema para o movimento dos tambores e destes para os movimentos sociais e cosmológicos. O poema tropeça, se despedaça e se refaz, fazendo do tropeço o seu começo.[9]

---

[9] Uma análise completa desse poema foi feita por Maria José Somerlate Barbosa, em "Dicionário de forquilhas: a poesia de Edimilson de Al-

Para ler estes poemas antológicos, é preciso, portanto, uma lógica em que a afirmação e a negação coexistem ("espero o lado do não/ e do sim"), uma ontologia múltipla em constante devir (como Exu é "múltiplo e indômito... Como a própria vida") e um ritmo que é um atravessamento de temporalidades heterogêneas ("Que alegria atrasar/ os relógios do fim"). E, mais ainda, aqui não é preciso acreditar ou "suspender temporariamente a descrença", basta perceber os outros modos de habitar a linguagem que estes poemas propõem e os outros modos de existência que essa linguagem carrega, carregada que está de seres de outras ordens. Seres que não são nem o poema, nem a nossa experiência, mas a relação entre eles.

Como o timbre preciso e complexo da voz que flutua entre a síncopa inquietante dos tambores nos rituais afro-brasileiros, a voz que paira nestes poemas mantém-se em um espaço de tensão e negociação, no limiar da sintaxe e do sentido, tateando entre a mais opaca dor e um tom proverbial que ao mesmo tempo absorve e tria o caos. Algo resta sempre em suspenso, reforçado pela suspensão do verso, demandando todos os sentidos da palavra sentido: sentimento, percepção, significação, direção. É um transe, mas não de perda da consciência ou dos sentidos, um transe em constante negociação com os sentidos, com o visível e com o invisível ou, como dissemos, um transe de expressão.

Negro enigma

Se Exu torna-se uma expressão dos modos de relação tanto internos quanto externos ao poema, ancorando o seu regime de imaginação e de pensamento em um princípio des/

---

meida Pereira", disponível em <www.letras.ufmg.br/literafro>, acesso em 15/10/2019.

norteador da experiência afro-brasileira, é a partir dele que também devemos ler o diálogo que se estabelece nesta antologia com parte substancial do que de melhor a poesia brasileira produziu. Como tem apontado a já extensa crítica sobre Edimilson de Almeida Pereira, a presença de conterrâneos como Murilo Mendes e, sobretudo, Carlos Drummond de Andrade é um ponto incontornável desta poética, desde que, evidentemente, seja lida pelos seus próprios modos de existência.

Esta poesia retoma uma dicção popular atravessada pela escrita, mas constrói a partir daí uma *démarche* rara na poesia brasileira em que sobressai o ponto de vista dos negros, no qual as sequelas da escravização mostram o preço que a cultura paga pela mercantilização dos corpos. Não por acaso, a antologia começa por "Esse corpo", tema que permanecerá como um baixo contínuo ao longo de todo o livro, numa espécie de *habeas corpus* cultural e intempestivo que resgata, critica e reposiciona o passado colonial. Trata-se de um trabalho de luto e de luta que se trava na lida com o corpopalavra.

Se a escravização se naturalizou no dia a dia do país, a poesia, como as cotas e outras ações afirmativas, precisa questionar o que se entende por natural e resgatar no plano simbólico os corpos que ficaram soterrados na violência da discriminação. Isto é, no país da suposta multiplicidade cultural, o racismo não emergia nos discursos até o momento em que a ascensão de outros corpos — negros, índios, desfavorecidos — se tornasse, ao longo do processo de redemocratização, uma possibilidade real. Essa a potência política destes poemas: trazer à tona os corpos para colocá-los em outro fluxo de relação com a construção simbólica, torcendo alguns pressupostos dos modos de funcionamento da nossa poesia.

Tanto pelo tom como pela temática, o diálogo com Murilo Mendes se faz presente pela densidade metafísica da própria poesia, em que o poeta se faz "aedo" — tecedor de mitos — que articula diferentes culturas e experiências religiosas, como diferentes temporalidades e regimes de imaginação: o mundo "cristopagão" em Murilo (pensamos, sobretudo, em *As Metamorfoses*),[10] ao qual Edimilson soma os mundos ameríndios e afro-brasileiros:

> Como soou o país tocado pelas mil duzentas
> e setenta e três línguas indígenas
> antes que minassem
> a nuvem, o vento, a tempestade?
>   Como o recitam as cento e oitenta
>   exiladas do dicionário?
>   E as africanas que negociaram
>   em senzalas e praças?
>   E o português se arvorando
>   em camaleão nos trópicos?

Outro ponto alto do diálogo com a tradição poética é o magistral "Cemitério marinho", que retoma desde o título um dos mais célebres poemas de Paul Valéry e da poesia europeia, que também está na base de dois dos mais reconhecidos poemas da poesia brasileira, "A máquina do mundo" e o "Relógio do Rosário", de Drummond. No poema de Edimilson de Almeida Pereira produz-se um choque de sentido que coloca em xeque o lugar dos corpos, negros, que, longe das tumbas e de seu poder simbólico, são "uma ponte de ossos/ submersa". Começando o poema pelo sinal de dois pontos, ":", o poema parece começar de onde os europeus pararam, como se instaurasse um contínuo de ressignificação em que não se trata mais de alguém que escuta ou olha para o

---

[10] Sobre esse ponto, veja-se a tese de Aline Novais de Almeida, "Manequim de pássaros: ritmo, corpo e metamorfose em Murilo Mendes", São Paulo, FFCLH-USP, 2019.

cemitério, o mar ou a montanha, mas de uma enunciação que se instala no "navio negreiro" (outra referência incontornável) e transforma-o assim no próprio cemitério marinho. E isso se dá num movimento que constitui um ponto de vista coletivo, ligando o presente da enunciação ao passado e ao futuro: "uma ponte de ossos/ submersa/ *eis o que somos*".

A emergência desse "nós", nesse contexto, abre uma outra relação com o passado, com os antepassados e com a família que se confunde com o próprio corpo, uma ética da relação com os que vieram antes e com o planeta que herdamos. O futuro se constrói pela força dessa relação com a ancestralidade, com um alargamento das temporalidades, com a produção de um corpo coletivo. Se os próprios Orixás podem ser vistos também como antepassados divinizados, o cemitério se torna uma coisa viva, uma possibilidade de relação com os mortos.

E mais, sempre esse para-além, esse "além-abismo", essa abertura para outras camadas de significação (cujo alcance apenas tangenciamos aqui) que faz a relação entre o cemitério e o oceano, fundamental no poema de Valéry, dialogar com Calunga, o deus banto que representa a morte e o mar, a vida e a morte, o circuito vida/morte que esculpe a própria vida e que se desdobra na relação com a linguagem:

> eis o que somos — apesar
> do abismo e sua colônia
> de entalhes
>
> apesar do abismo onde
> a forma informe (a
>   linguagem)
>   nos experimenta

E / ou +

Ao longo da antologia, vemos desenhar-se na experiência com a linguagem (que nos experimenta) uma nova gramática das conexões, como se a sintaxe tradicional se mantivesse num limiar tênue com as possibilidades da linguagem tomada como "forma informe". Mais uma vez, ao mesmo tempo temos a forma e a força do informe que não se excluem mutuamente, nem se somam em uma contradição irresolúvel, mas apontam para esse "a mais", a singularidade de giros e giras desdobrando-se em diferentes campos semânticos. Assim, não são os enunciados que se contradizem, mas uma dicção que explora a complexidade dos conflitos e acordos, aproximações e rupturas daquilo que chamamos de uma ética da fala.

Os modos de dizer — a faca da fala, que fala mais do que aquilo de que diz — instauram uma dança dos sentidos, uma vibração do corpopalavra, máquinamundo, bicholinguagem, sempre à beira da possibilidade de um revirão, de um gesto, de um resto, de um enigma, de uma gira infinita. A imagem dos giros e das giras de diferentes ordens de realidade é forte para pensar esse lugar de enunciação que não é uma coisa ou outra, mas um espaço de co-determinação recíproca entre elas e que as coloca em movimento.

> Amar odiar o poema
> nada mais perecível.
> Texto que escrevo devora
> a devoração por princípio.

Esse princípio devorador, a lida com a morte, com a perda, com a ausência que se faz presente, articula os poemas que se desfazem para se refazer, desfazendo sua eternidade para fazê-los girar — amar odiar —, alimentarem-se de si mesmos, serem devorados com o corpo, para se fazerem som no ato da leitura, para que o ritmo dos desdobramentos se faça imagem: "Mas não é um tambor: a palavra./ Como um tambor é pouco sem outras coisas/ dentro". O tambor precisa da palavra como a palavra do tambor. Mas o tambor é para a palavra uma coisa diferente do que a palavra é para o tambor. E entre os dois passeia ainda a voz (e outras coisas dentro) que cria zonas de aproximação e desvios, fases e defasagens entre eles.

São poemas com "um nome-corpo/ exato no que hesita", que levam aquela "hesitação prolongada entre som e sentido" de que falava Valéry para uma relação entre o contínuo e o discreto, o fluxo e o corte, a prosa e a poesia, o tambor e a palavra, bicho e armadura (das palavras), corpo e linguagem, máquina e mundo.

O mais interessante é que a invenção não se dá apenas pela relação, mas, como dissemos, pelo próprio modo como a relação se dá. Ao retomar uma tradição dos poetas do pensamento e desdobrar a potência do pensar a partir da África, estes poemas propõem um espaço no qual a poesia pensamento, a forma informe, o exato hesitar, o amar odiar criam dinâmicas de outra ordem, na qual tem-se a afirmação, a negação, a contradição, a superposição e a interposição, mais o contexto enunciativo, a singularidade da enunciação poética em que se constroem essas relações. Invertem-se mesmo as relações entre sujeito e objeto: "ao pescar, nos pescamos". Na esteira de Octavio Paz, neste universo entramos em uma pluralidade de significações que tem a ver com a própria pluralidade do real: isto e aquilo, isto ou aquilo, isto é aquilo, isto aquilo, entre isto e aquilo.[11] Nos tornamos assim eternos passageiros dessa fina trama de imagens que coloca em xeque a lógica, criando uma outra onde as cópulas copulam, os conectivos acoplam realidades diferentes, as línguas se

---

[11] Octavio Paz, *O arco e a lira*, São Paulo, Cosac Naify, 2012.

atravessam, a diferença se faz gênero, questiona a raça e roça a beleza de um país por ser reinventado.

Variações sincréticas

Juntamente com seu trabalho como pesquisador do sincretismo das tradições banto no Brasil, como em *Os tambores estão frios*[12] ou *A saliva da fala*,[13] esta antologia de Edimilson de Almeida Pereira cria um outro espaço simbólico de articulação da experiência brasileira, dando às falas da cultura popular e à própria ancestralidade um outro corpo, redesenhando a relação com o sagrado para fazê-las girar nos termos do seu próprio fluxo e negociando o seu próprio ponto de vista. Não absorve esse universo nos poemas, mas abre os poemas para outras formas de funcionamento. Os poemas (como os corpos) ganham guelras (depois de afiar as garras e travar tantas guerras), que os tornam aptos a habitar mais de um mundo.

Se, como o próprio Edimilson aponta a propósito do ritual do Candombe, o chamado sincretismo se faz num estado de tensão que alcança um modo particular de equilíbrio em movimentos de convergência, paralelismo, mistura e separação entre diferentes práticas culturais e religiosas, nestes poemas vemos movimentos dentro do movimento, como vozes atravessadas em uma mesma voz, tateando como a "palavra-pênsil" um equilíbrio instável de articulação de forças.

Jogando com a vasta tradição da prática poética em diálogo com outras práticas, ele se ampara no trabalho de tecelões(ãs), tintureiros(as), costureiros(as), pintores(as), cantores(as), dançarinos(as), para bordar uma outra margem — a

---

[12] Juiz de Fora/Belo Horizonte, Funalfa/Mazza, 2005.

[13] Rio de Janeiro, Azougue, 2017.

terceira margem do rio — que faz pelo avesso a trama, pelo vazio a rede e pelo gesto a singularidade do seu acontecer.

Como no cantopoema do Candombe — "Quando o tambô bate, eles vem, eles tá aqui, durante o tempo. Eles canta com nós o Candombe todo. Agora vão lá pro espaço. Mas quando o tambô chama, eles torna a vim"[14] —, quando as palavras destes poemas ressoam no corpo do leitor, uma voz partilha a relação entre as vozes, passadas e futuras, conduz o toque dos sentidos e segue em diferentes escalas de gestos e inclinações (linguísticas, familiares, sociais, cosmológicas), em variações contínuas.

"Neste cruel país" em que "as cercas nos unem" e que "chora pelos ouvidos", ainda assim os "signos rosnam" e, no limite da palavra, procura-se não a poesia, mas entender um lugar para ela no país e no mundo, como se evidencia com mais ênfase nos inéditos. Nestes o verso se expande com mais força no limite da prosa, como se quisesse ligar ainda mais a casa ao mundo, o corpo à profusão de afetos das cenas, fazendo das experiências vividas e reencenadas entre a viagem e o poema um "mergulho entre os corpos", entre os mundos.

Mais de um mundo, mas menos que dois, quase como se os poemas produzissem no corpo essas guelras que possibilitassem respirar em e entre diferentes mundos, dentro e fora da água, dentro e fora do ar, no limiar, no litoral, nas bordas que aparecem em tantos poemas. Às vezes se trata de construir, derrubar ou adornar muros, ver neles "a sombra da oliveira", mas isso não é tudo: "há coisas permeáveis" e "ideias, no entanto, forçam as paredes". Os poemas de Edimilson de Almeida Pereira se colocam também como um outro modo de relacionar mundos, desdobrando a violência da

---

[14] Mário Brás da Luz, "Arturos", em Edimilson de Almeida Pereira, *Os tambores estão frios*, *op. cit.*, 2005, p. 439.

necropolítica tropical[15] em um devir-negro[16] que expande a sua condição histórica em uma cicatriz, um sintoma, uma dupla reinvenção do lugar do subalterno e da poesia que abre um espaço de possibilidade de transformação do nosso tempo, e mais, do modo como habitamos os nós do tempo.

---

[15] Cf. Peter Pál Pelbart, *Necropolítica tropical*, São Paulo, n-1 edições, 2018.

[16] Como se pergunta Achille Mbembe em *Crítica da razão negra* (São Paulo, n-1 edições, 2015, p. 22), expandindo a condição da negritude para alcançar toda opressão e toda forma de subalternidade: "Se, além disso, no meio dessa tormenta, o negro conseguir de fato sobreviver àqueles que o inventaram e se, numa dessas reviravoltas cujo segredo é guardado pela história, toda a humanidade subalterna se tornasse efetivamente negra, que riscos acarretaria um tal *devir-negro do mundo* à promessa de liberdade e igualdade universais da qual o termo negro foi a marca patente no decorrer da era moderna?".

NOTA DO AUTOR

Em 1991, com desenho de capa concebido pela artista plástica Marta Rogério, veio a lume *Corpo vivido* (Mazza/ D'Lira), reunião de oito livros de poesia do autor, editados desde 1985. Entre 2002 e 2003, uma nova reunião, subdividida em quatro volumes (*Zeosório blues*, *Lugares ares*, *Casa da palavra* e *As coisas arcas*), contemplou os vinte livros até então publicados. Em ambas as edições, levou-se em conta a necessidade de realizar uma revisão crítica dos poemas e a intenção de divulgar, sob novas perspectivas, as obras que em suas edições iniciais tiveram uma circulação restrita.

A presente antologia, organizada pelo autor, colheu textos dos livros publicados entre 1985 e 2017. Os poemas não foram dispostos em ordem cronológica, mas reagrupados a partir de (in)certas relações de familiaridade temática, que abrangem os campos largos da memória pessoal e coletiva, da metalinguagem, das fraturas líricas e filosóficas do sujeito e das relações da poesia com outras áreas de pensamento e experiência. Para efeito de uma possível orientação de leitura, considerou-se o seguinte itinerário: 1) Esse corpo; 2) Poesia +; 3) Ideias do mar; 4) Ondas do rádio; 5) Imperfeito cantar; 6) Palavra-pênsil; 7) Casa-múndi; 8) Inéditos.

Lidos nessa coletânea, os textos mencionados configuram um livro com identidade própria, embora mantenham o diálogo com as obras originais de onde foram extraídos. Não foram aqui incluídos os poemas do autor editados como literatura infantil e infantojuvenil. Os poemas ora reunidos podem, efetivamente, mudar de uma seção para outra devido à confluência e/ou divergência dos temas. O mesmo vale para os inéditos, incluídos no final do volume. A liberdade para a montagem e a desmontagem dos livros fica a critério das mãos que folhearem estas páginas, insuflando o verão onde o autor julgou capturar as sombras do inverno.

Juiz de Fora, julho de 2019

ESSE CORPO

TRÍPTICO

I

Sob a lama, o silêncio.

> O canto
> prova-se
> lâmina.

Quietude sob a lama.

> O canto
> recusa
> a infâmia.

II

No oco — cavado
    por quem?

O podre, breu
    da esfera.

No bojo — levado
    por quem?

O sangue, letra
    zero.

III

Escuro = verde
    lagarto.

Verde = escuro
    pássaro.

Mundo cifrado.
    Nós.

ANÚNCIO

Lagos falam línguas noturnas,
o falar da noite e filhos pensos.
Nunca fomos, como quiseram,
resíduos de volúpia e trabalho.
A família à flor do nome
é o tecido que nos recompõe.
O falar da noite arma
um signo na ponta da manhã.
A vida pergunta pelos falantes,
sua palavra de rosa e fogo.
Nosso gesto há muito inaugurou
um arco no mundo.
Lagos falam línguas noturnas,
o falar da noite e filhos pensos.

MOTIM

Sob a capa: o truque.
Sob a nuca: o pólen.

À capela se trama.
Em público, o que era risco
encarniça.

Ganha dentes, fuma.
Em vez de um salto, dá-se
aos ouvidos.

Está a ver navios, por
disfarce.

Quem o depreda,
mal compreende a cova
em que pisa.

A espera, quando se trama,
é faca
espessa.

Sob a capa sob a nuca
o risco
borda sem saber o bordado.

ARCO

A pedra o sabiá a palmeira escritos a giz são uma linguagem em preparação. Como faltar ao acordo que o tempo lhes impõe, se vivem um na sela do outro? Palavras lutam na carne de quem telegrafa. O escrito é a indagação do alvo, impossível batizar as iras do texto. Desde o começo, assentamos numa família que nos sangra e nem só com letras se nomeia. A pedra o sabiá a palmeira riscados para explicar o mundo nos escapam. Nada adivinhamos nessa mata, embora nos prenda um endereço visgo. Por ofício seremos anúncio de linguagem.

SITIADOS

O corpo esteve ontem.
Imita e desmente
a espera que o surpreenda.

Já não pertence ao monturo.

Revela-me inércia e fogo,
o corpo meu irmão.

O que nos cala e cessa
intervém sobre o amor.
Não deixa vestígios.

A conta, enfim,
de que os enigmas
devassam as mãos humanas.

O corpo aceita-me.

CONTENDA

O clã
tem uma geografia de morte.
Não se viu a queda do avô
no trole
da avó no precipício.
Nas margens habilidade
para evitar encontros de facas
salvo exceções
sem rosto (mulher ou nuvem).
Chiquinha morreu na cadeia
não é mais acontecimento
só murmúrio
o lado fero da família
inconformado
criminoso
contra a lei
contra a espécie.

LEITURA

Santos demais
ouro de menos
gado nenhum.
A ausência de verba deles
alimenta os verbos
discendi.
O paraíso não os teve
frutos medidos
em poesia e carne.
Os avôs embarcados
sua economia de palavras.
Pelo silêncio escrevem
a biografia melhor.

SEBASTIÃO, MINERADOR

Aceito o nome procurado,
mas advirto:
a palavra filtra incertamente
o que é núcleo
sob o céu.

Há os que esperam
o ouro do sentido.
Para seu desespero
a eternidade
depura os relógios.

Tudo quanto diremos
foi mencionado.
Só a palavra vista por dentro
traz algum proveito.

CARTA AO IRMÃO

Não o somos, apesar da velocidade
que nos aproxima
pelo sangue.　　　Não o somos,
apesar
da vírgula que sucede nossos nomes

　　　　　　　, herdeiros do
ventre de ferro.

Não o somos, apesar da sombra que
nos esconde
e que — por estratégia — mudamos
em faixa de segurança.

Não o somos, desde que a chance
de refundar
o mundo se dissipou e salvamos
a nós mesmos.

Não o somos porque, embora pareça,
não é a largura
da presa que irmana os felinos.

Não, não podemos tirar do sangue
a velocidade
que nos aproxima.　　　Não somos

a vírgula
que serve de espelho para a ilusão

                        : herdeiros do
ventre de ferro mordemos

cada um segundo a sua mandíbula.

ARGONAUTAS

Parentes no Aero Willys vermelho.

Parentes, nem todos, no furgão.

Minas salva do letargo.

Salvemo-nos.

*

A primeira lição do arqueólogo é não se reconhecer nos ossos que recupera.

Porém, há vezes em que o achado lhe faz a cabeça.

QUARTO

O criado-mudo fala pelo homem. Pequeno, quase áspero: o móvel pago com trabalho extra. Quando aberto (em rara festa) vemos que é possível amá-lo: o homem desperto antes dos galos. Apesar da mudez a comunicação se avia. Que importa se não há verbos? A fome informa que a lida na fábrica é inadiável. O que foi lúcido chega dia a dia através das coisas. E nos cala sua lição de economia.

POSTAIS

1. ARRIEIRO

o couro segura a ilharga
e o que sob a noite
se enforca

depois de imolado
salvar qual mistério
a morte porque vem
e esculpe
desarvora

no coração
resta a ilha onde moramos
o tropel escasso.

2. CIGANA NIEGE

coração rubro asma
de viajante: o amor trincha

passamos
infensos a tal fabulário
nós que não demos fruto
mas calcanhares

coração puro: isca
não carecia roer o cristal

ao baile, enfim
depois urdir o milagre
se

3. VIÚVO

os dias inumados

que terno emprestar
ao silêncio
e à missa comparecer
sem presença

nada se aventura
ao pomo

há o rio das parcas
sob a espera
e a outra árvore
dos ossos

ao pomo
a cárie dos riscos

4. DEVORADO

a devoração se posta
com que relógio
cedo mostra
a licença do corte

(o devorado exibe a
carta)

a devoração se arvora
no texto
o relógio que engendra
escouceia

o devorado ostenta
a devoração

SÃO JOÃO DA CHAPADA

Ainda se travam lutas sob a inelutável.

Jeito de olhar o infortúnio não é o mesmo, se não foi o mesmo o jeito de viver.
Quem nada tinha aumentou patrimônio.
Os não haveres ocupam mais cornijas
que as apólices dos senhores.

No córrego da Formiga é dar-se com
Antônio Moange. Fugas recebimento de
cargas. Em assunto grave, mudar para a
Maquemba. Os de tirocínio preferem a
Madalena; os que não querem morrer,
o lugar mais que o nome.

A boca dentro do ouvido se possível
dentro da noite. O que se diz na praça
vale metade. Defendido na sua rede
um faz seu carvão sua promessa. Coisa
de nada, que o destino é avaro.

ANTENOR

40 cães na mata.
Caça
para si, nem tanto.
A paca

(substantivo macio)
queda
ao mandatário.

40 cães na caça.

3 porcos (catete
seu nome de guerra),
enfim,
para a família.

(Porco do mato:
queixo
duro —
verbo irregular).

Com 40 se mata
o tempo.

A distância entre uma
fazenda

e outra,
às vezes.

40 mantas e mais
na vida.

Antenor não caça
para si
para ninguém: pelas
oitenta

vírgulas eriçadas
aposta.

TRÊS TIGRES

MIGUEL DAS LAGES   O escrito é mais silêncio, quando lido. Certos livros viram camisas europas medalhas. Nos fazem retratos, vozes ditadas à nossa voz. Sigilos sigilosos para nós. Que é feito de minha frase que a lavra de outra fala inventa?

ESTEBAN MONTEJO   E de meus riscos, que ordenaram dizendo ser meu espelho? Palavra ilha armadilha, o nunca saber se o escrito é o dito. E, no entanto, floresce literatura furta-cor. Que eu mesmo, de tanto esquecer, talvez, tenha inscrito.

CANDELARIO NAVARRO   Emprestei meu cavalo se falei sobre ervas que deram em letra. Umas não é outra. Mil cabelos se a minha comida, feitura difícil, virou escrito, o só esqueleto. Eu sabendo dizia o que não é possível, a ver se com isso escreviam livro.

Miguel Esteban Candelario das Lages Montejo Navarro escreve alguém no delírio de pensar haver-nos escrito.

MILHO VERDE

Miséria beira-flores romãs. Orações para
dizer o que não cabe decifrar e nos decifra.
Quando tinge, a tabatinga reza o barro que
foi. Iluminada à vista é cor novelo safira.

Cachorro	Malva crescente
Folhinha mariana	Bilha
Arranjos para batizado	Marujo
Contramestre	Ivo Silvério

Café namoro. O último de uma linguagem
olha o céu das vogais. Impaciência Nikon.
Pássaro que não cria em gaiola. Agnus dei
pelo avesso.   Enfim, a criança respira.

Água	Pedra
Água	Branca
Água	Queda
Água	Pomes

Canto do rosário preso em fio de nylon.
Bandeira do divino. Quem não aceita rei
faz teto nos desertos. Eremita no Serro.
Apesar de. Tudo vendo desde essa janela.

BODAS

POR DEMAIS severo, Herculano
não viria.
Não veio,
sendo a severidade em pessoa.

Guardou-se para as horas
em que
o amor não abastece
a dispensa e a vida se abre voraz.

   *

O QUE se corta
juntos,
em duas metades
diz muito.

Diz mais, no
entanto,
se ajuntado
de outra maneira

depois.
Em trabalho duro
(de lavanderia
ou parto)

e também
amorável, em que
Iraci
e Geraldo se fiam.

O que cortaram
é assunto,
como seus nomes
multiplicados:

Dinha, Ira,
Escurinho, Toni
Tornado.
Como nessa foto,

ferida a seu tempo,
seguem
juntos, porém,
separados.

Nós os repetimos
com menos
fervor. Talvez porque,
grandes, sejamos

ainda tenros.
O que entrelaçaram
não se corta.
Nem por gesto

ou palavra.
Eis o clã
recomposto nas
perdas,

que são ganhos.
Saudemos, pois, em bodas
a mão que emenda
quando poda.

*

A ESTATURA DA FAMÍLIA se afirma,
apesar do tempo. Ei-lo, sem os dentes,
na pose do pai com os filhos.

O sangue é a grei dos que se estiram
em direção incerta e permanecem
em roupas de domingo.

Certas horas não prenunciam
o embarque, negociam apenas o temor
e o apreço pela lembrança.

São horas que forjam a intimidade
quando ela não mais houver.

O pai e os filhos se pertencem, em algum
desses lapsos, embora outra
família (toda de ausência) se prepare.

*

DE CINCO IRMÃOS, dois
não chegaram
à segunda infância.
Restaram suas bagagens
e o fruto que não amadurece.
Seu cultivo nos motiva.
Desse fruto,

que não sela o intervalo
entre as horas,
espera-se
a expiação da morte.
Enquanto sua casca
não nos desveste
do medo,
trabalhamos
cúmplices
& anônimos
numa fábrica de armas.
Felizmente, da primeira
infância
sopra um vento,
que tira o fruto do seu ápice.

*

MÃE, TEU PAI consagrado às almas
não teme
assalto nem doença.

Morreu na matina.
Não tremeu.

Não eriçou os cabelos ao ter com
a medusa.

Somente a espinha de peixe
que lhe travou a garganta ainda
não saiu.

Entrou com ele na senda escura.

Punge, sem que saibamos,

a procissão
de netos e bisnetos.

Teu pai não pode
saber desta herança, que toca

sem arranhar nossas cordas vocais.

*

TENHO SETE ANOS. De mãos dadas,
a cidade se alarga.
Aos sete, como aos setenta,
quer-se a que vem inteira.

Ela nos pede, apesar das derrotas,
aquilo que somente uma vez
fazemos:
a entrega e nada mais.

Como essa, aos sete, indo
com o pai, até que
nos deixamos afagar pela mão
do inigualável Manga.

O goleiro-síntese
que, por um segundo, nos defende
da vida.

*

SENDO UM DOS, o primo se enleia à linhagem.

Mas há momentos em que se desgarra,
chama a si mesmo um destino.

Não se quer do clã,
quer-se.

A máscara o revela: um rei-menino,
que *suona* em outro bando.
O primo espreita uma Ponte-Além.

Onde os membros não pesem.

São muitas, e poucas, as escolhas.
Quisera sacar à faca
a linguagem
que o prende à fala de quem o fala.

Sacar-se, como à máscara de Santos
Reis, para regressar à orfandade.

*

ÍRIS — eras da família e não
sabíamos.

Gerada no olho do furacão,
ressurges,
porta-estandarte.

Tens de nós
o que não tivemos de ti.

As lembranças do corpo
estranho
que seremos.

Nem melhor nem pior,
outro apenas.

Para a dor e a alegria,
como tem sido.

Eras família — e não
era preciso
que o soubéssemos.

O sangue cumpriu à risca
o seu ofício.

    *

UM RESÍDUO de mapa secunda a infância.

O que tens são as maçãs
do rosto, a camisa branca, uma japona
e o mundo nos ombros.

Não é muito e não te impede o sonho.

Feitas as contas, fora as ilusões perdidas,
o saldo não te cabe nas mãos.

Um selo, a cicatriz, uma viagem, tua filha,
— um poema que se interpõe ao medo.

Podes virar o rosto na direção do sol,

calcular numa língua morta,
decepcionar-te, abrir as veias, mas não podes
faltar ao encontro que o menino aponta.

O QUE DANÇAS?

Porque nasceu, um corpo não garante lugar
entre os fiadores da palavra. Às vezes,
é um canal por onde escoam as fúrias,
      mas não o chamaremos de rio.
Outras vezes, é a cabeça que andará o mundo,
      nem por isso a saudaremos: mãe.
Um corpo se não diz a que veio,
não nos interessa.
Ainda que resuma a noite em sol,
não vale mais que ímã para os rastros.
Porém, se erra entre vizinhos e estrangeiros
é um caniço para toda música — a cicatriz
desse corpo são os ofícios que aprende.

    *

OS DENTES dizem que chegaremos em segundo,
sem direito à verde campina.
Da carne recebemos uma porção-espelho:
a que tocamos se disfarça em névoa a esconder
nossa alegria faminta.
Como se não bastasse, entre nós, a disputa
pelo anel de sangue, somos lançadas
ao escárnio que se estende, como uma pradaria,
para além da consciência: — nenhuma
de nós sente conforto em ser a madrinha

obscura de sua irmã,
mas assim é que nos esperam, antes
e depois da passagem dos rapinadores.

*

SEM FÔLEGO não é designação para as pernas,
não lhes é permitido serem menores
que o senhor do alto.
Embora se ralem à beira do penhasco,
é como enguias de junco que se apresentam
à porta venerável: "Se não comportam seu
próprio medo, merecem polir, uma a uma,
as presas levantadas contra os seus herdeiros".
Não fosse o senhor do alto o senhor,
diríamos que também ele deixa
em nossa espádua os sinais do predador.
Quem ousa, no entanto?
De sua cobiça se espraia a generosidade
(que suaviza os estragos da morte)
onde os limites da planície são medidos
pela vibração das fibras, em sua cobiça se
desaprende a agonizar na tempestade.
Sem fôlego não é designação
que as costas mereçam, nem colônia
para o envelhecimento do vermelho. Sim,
que a forma sim nos assegure domínio sobre
   a relva
o pântano
  a colina
    e o deserto
ainda que alguns, dentre os mais rápidos,
não vejam duas vezes o pôr do sol.

*

A GUINADA sobre o inimigo se arma em um
                              lapso
de sua autoconfiança, isso e a arrogância
de quem não superou um arbusto semeiam
discórdia entre os que se pensam
irmãos por terem arranhado o berço de peles
: atrelados a esse círculo vestiram-no
como paciência (ou vício)
de um domingo interminável : porém
a guinada vira o sentido antes que a saliva
enrugue a língua e cristalize o preceito
"se me dás um desastre, levarás um igual".
: é que de uma guinada a outra toma-se gosto
pelas palavras que não
se esposam e dizem em relâmpago.

*

não danço esta dança nem outra   em
não-erigir sobre
o totem que amadureceu a ovulação do verbo
em não-erigir sobre nada   em não-erigir
se fez o destino
do enganado pelos sinais de pedra e musgo

        não danço o barco
        da grande tartaruga
        não
        o vértice do lagarto

        não danço os dentes
        da hiena
        o fôlego antílope
        a guinada da lebre

        não danço
        a argila o sangue a
        dança que se antecipa
        ao corpo

não danço o que danço   o que não danço
danço
para estupor da autoridade   quem vai
ao campo não sabe se retorna   no entanto
deixar-se ir é um atrito cujos
laivos ficam menos
na pele que no pensamento   salvem pois

        o que não dança

senhor-ninguém dos ossos e medula   erro
na coreografia   animal sem nome
e culto que tem o abismo por mensagem

o que não dança a pergunta "o que danças?"
escava
os calcanhares   e se dança
retira das vísceras um mito   zero em sintaxe

ORELHA FURADA

Dançar o nome com o braço na palavra: como em sua casa um maconde.

Dançar o nome pai dos deuses que pode tudo neste mundo e suportar o lagarto querendo ser bispo na sombra.

Dançar o nome miséria, estrepe e tripa que a folha do livro é. E se entender dono das letras em sua cozinha.

Dançar o nome em sete sapatos limpos para domingo.

Dançar o nome com a mulher nhora dele: a mulher no seu coração tempestade e ciranda.

Dançar o nome com o braço na palavra *berço*.

O ESTRANHO

1. O HOMEM ESTÁ SÓ DIANTE

de quem o protege. Não se acostumar
ao fogo
à fartura
é a lição primeira.

Contra a fome, os dentes
se levantam.
Mas pouco valem ante a promessa
rompida.

A dívida mais onerosa, a herança.
O corpo,
o pensamento,
os últimos cavalos da pradaria

— nada põe sentido na solidão.
Não habituar-se
a que isso seja uma regra
é a liberdade.

2. UM HOMEM VAI SEM A PERNA

como um navio que, abertos os porões,
aderna.
Sua gramática é esta.

De falta em falta a história se acumula.

Vão porque há quem os espere.
Âncoras.

3. AO FINAL DESTA NOITE

não haverá um homem, nenhum
segredo.

Os doutores não sabem
lidar com essa doença: nova

desde o primeiro sintoma,
ela sustenta quem recusa o assédio
dos amansadores.

Ao final desta noite haverá um homem
sem nervos —
como os açudes.

As cidades não serão um legado,
ao fim desta noite.

Talvez ainda se ouça
um martelo alheio a qualquer selo.

4. NÃO SE DIZ O QUE FAZER

(ou o que se é)
a quem deixou o sexo florescer.

Sua cabeça
a prêmio não é motivo para saltar
no abismo.

Ao cumprir a noite, não permite
que levem
suas vértebras
para trás e para diante.

Não deseja a fidelidade dos cães.

Nem para si recolhe os ossos.
Se o fizesse, apenas dobraria a carga.

Ninguém precisa dos mortos.

O dia implora uma abertura
por onde o mar devore os brigues.

Não se diz a quem é

o que fazer.

5. A ÚLTIMA BELEZA

não pereceu. Sob o mapa devastado,
no exame
que decreta a falência.

Sob a miséria de um pai que tem na perda
a refeição diária.

Sob os anéis
e as pontes que uniram o norte e o sul.
Ainda não morreu

o que os mortos nos legaram.

POESIA +

ASSENTADO NUM LIVRO

a Laura Padilha

Mestressala não cabe na
tela, nem Ele no mestressala.
Objetos são Dele que não

deseja nenhum. Sua perna,
trezentas em três, são páginas
com muitas notícias.

Como assentá-lo num livro
se na raiz da casa é difícil?
Uma vez lá, suas palavras

mudam o que é certeza.
Tudo sendo tudo, de nada
vale forjar princípios.

O tudo, como endereço
errado, faz a carta buscar
mais atenta o seu destino.

E passando por ele, Ele
que não se assenta em livro,
decide — contrário a si —

querer o verbo singular.
Uma vez encarnado,
gira o leitor pelos quadris.

PRIMEIRAS LETRAS

A máquina do livro me dirige quando
a renego. Escrevo o dia raro.
Assisto palavras para compreendê-las
por deduzir o mundo precário.
A ciência da noite tem outro caderno.
O que componho me ilumina.
A vontade lida em seu aquário.

SANTO ANTÔNIO DOS CRIOULOS

Há palavras reais.
Inútil escrever sem elas.
A poesia entre cãs e bichos
é também palavra.
Mas o texto captura é o rastro
de carros indo, sem os bois.
A poesia comparece
para nomear o mundo.

SERAFIM DISPERSO

A poesia madura não pode ser escrita.
Assim o carinho entre doar-se e não ser.
E a dúvida que após o amar se precipita
(e não era amor mas inconfessável pó).
E por esse temor e por esse pranto
que não houve. Por tudo e por dentro
a poesia estremece. O grão se desespera
e apura a morte em qual verso.
Assim as coisas, a inclinação mais doce.
O espírito mais certo a canção mais dura.

OFICIAL E OFÍCIO

Faca cilada navio
renderam Tinguê Canhama.
Tinguê Canhama recluso
labuta espera mata.

Mata o que merece
de matar faz ofício.
Tinguê Canhama não mede
sangue imigo ou amigo.

Amar odiar Canhama
nada mais difícil.
Corpos que fere devora
o cereal impossível.

Ferido morto enterrado
Tinguê Canhama pondera
o próprio corpo repasto.
Me penso Tinguê Canhama

devoro o que merece
de devorar fiz ofício.
Devoro escrita que
escreve imigo ou amigo.

Amar odiar o poema
nada mais perecível.
Texto que escrevo devora
a devoração por princípio.

INSTRUÇÃO DO HOMEM PELA POESIA EM SEU RIGOROSO TRABALHO

1

O nome diquixi se arrumou na sombra. É de sua natureza habitar os vãos   as eiras: entre o que há-de-ser.

O lápis, mais que a vontade, quer o nome e a coisa, a família da palavra num corpo. Esclarecido.

E se desejarem que eu testemunhe o viso visto, só de meus olhos? Erma campanha. Eu e o intervalo das coisas com outras onças por dentro.

O diquixi dorme com uma cabeça. Se o escrevo ganha tantas de resto. E se nunca o escrevo terá deveras uma cabeça?

O engaste é de manhã, quando perguntarem. O visto era vivo, visagem de carne e osso? Ou liames de sua letra e sua vista mal cordatas?

Se o diquixi nem fosse, mas coisa reles: fio e pavio, tecido e teia — ainda assim, como furtá-lo em sua mudança.

Melhor escritura a que revela revel.

2

Porém, escrevo. Para cem cartas mil lagartas. Quando a dúvida imagina sentidos a terra já se viu madrinha de meus provérbios.

Verbos provados, de camisa, colete e sapato. Assim como no ir à missa à procissão para ser mais amado que o santo.

Quem não risca não sabe os rios da palavra, o labirinto de haver escrito sem estremecer. Eu mesmo me avio: parceiro da chuva, do capim cebola preparo um livro de cortar.

E se perguntam: ainda não é manhã? É quando eu no verbo faço manhã ou noite. A treva é a escrita, nem mais, nem pois. Deus não entortou linhas por que escrevia canhoto?

Medo o só da escrita com leitor viajante. Mas se há leitor de lidas, a e b são histórias infernas.

Com modos e truques de ouvir.

3

O nome diquixi escrevo e diquixi não é. Mas cutelo e cutelo também não fica sendo.

O tudo ponho em lápis, fileira formiga de letras certas. E não me alegro porque não chegam miúças na terra pós-chuva.

Escrevo diquixi e não vinga: outra coisa é diquixi escrito. Tudo somenos.

Entorto linha bem procedo e a escrita morde. E se escrevo com letra de não grafar: o ledor resolve?

Como Antão em sua caverna tento.

O bicho no entanto.

4

O nome diquixi se arrumou na sombra. Sombra a do meu escrito.

Sob a pele do verbo o lobo o crocodilo-mor. Tudo mudado, mas sem doma. Como o guará cortando a estrada.

Agora posto, concordo. A palavra vista é uma cabeça com outras onças: um couro no tempo da madeira.

Mas não é um tambor: a palavra.

Como um tambor é pouco sem outras coisas dentro.

Como o torpor não é sem as roupas do sol.

O nome diquixi escrevo e diquixi parece. Sob a unha a paz da palavra seje.

NÃO LEIAS COMO ELES

os livros de poesia, os livros sagrados que são
poesia.
Eles tiram leis e procedimentos de um bosque
somente bosque.

O bosque escuro da metáfora, quando muito
centeio,
que pão nenhum será. Eles tiram o que não
merece crédito de onde

nada se deve esperar. Não recites, nem receites
a viúva negra.
Ela, por nunca sair, alumbra
como um dardo.

Não esperes, pai, que depois da lição noturna
sejamos salvos. Não
poderíamos pedir ao jaguar que mudasse sua
costura.

Não leias como eles os livros sagrados: a poesia
cobre a última
desonra. Ela, por não sorver além de si, perdura
e morre.

Se houver tempo, devolve a poesia aos répteis.
Não leias como eles
a escrita rupestre: começa a duvidar das leis
que civilizam o bosque.

NOIR

A palavra exposta
na jaula.
Deram-lhe de comer
e beber.

Viva morta. A custo
dos uivos
vem à grade.
A ver.

Grasnam, matam.
A palavra,
sem revolta,
aos poucos

reconhece sua antiga
classe.
Não a reconhecem,
no entanto.

Finda o horário,
a tarde.
No sonho da palavra
o espelho

sem intimidades.
Grasnam, grasnam
seu vocabulário.
Os cervos.

OURIÇO

Cercado.

Do alto da embaúba
rastreia o inferno.

Cães.
A foice e o pai.
O filho.

O espírito santo da morte.

Cercado
pela circunstância.

Não se atira todo:
    caem
suas forças como palitos
de fósforo.

O vociferar da foice.
A noite estala.

A cada um a própria
roda.

BOI

Mutismo de uma cabeça de boi
no rebojo.
Deus prospera na carcaça.
Seu perfume há-de romper
calabouços
e o chamaremos flor tisana
oxigênio dos mortos.
Os nervos de deus espumando.
Cabeça de boi
na enchente
tem o efeito das primeiras palavras.

ONÇA

Tenho sete anos e a mão que me guarda vai desaparecer. Mas, agora, se arma catapulta contra o perigo. Ele vai saltar e suas garras farão uma cicatriz. Nós sob o arco-íris felino sentimos o esqueleto dentro da camisa. Colados um no outro, descobrimos algo que acaba e continua, não porque tenha volume e se devore pela cauda. A memória, quando salta, nos apanha pela cintura.

À FACA

O tamanduá abraçou o cachorro, não larga. Cada vez que ouço a história, as garras mais se entranham no pelo. Já não há sinal deles, devorados pelo tempo. Só em mim a luta prossegue. O duelo, então, se trava na linguagem? Em outro texto é possível que os bichos não se armem, mas nesse, separá-los nem à faca. São verbo e advérbio.

ECONOMIA

Despejo de uma aranha
ofende nossas avós.
São do ângelus
se internam em janeiros
que vão acabando com a gente.
Fazem selas nos moldes.
Sangue a passeio se economiza
com tecidos delas.
São a madureza
que inferniza os cotovelos.
Dos parentescos diluvianos
esse mais se aperfeiçoou.

ANGÚSTIA VOA COMO GARÇA

mas não é leve
seu flautim.

Fico meio fera
meio anjo
atento
à sacola dos viajantes.

Noticio a notícia
que tira o fundo
às cadeiras.

Me habituei a colecionar
o que tivesse
inclinação
para a eternidade.

Asa de borboleta
dentro do livro.
O livro.
O texto do livro.
A tinta do texto.
A sombra da tinta.
A sombra.

A luz que passa atrás
da garça
enquanto penso.

EU RAIMUNDO BARBOSA DE AZEVEDO DEITO TARDE ACORDO CEDO

DO OFÍCIO

O que pode curar não é raiz
mas o nome
moradia dos remédios.

Fios enterrados querem sol
uma agressão de pássaro.

Eu o que amasso não são raízes.

As letras de curar dissolvem
partes sofridas do corpo
dizem aos males adeus.

Minha virtude
foi aprender leitura.
A fama de curador é por acaso
sou mais é ledor.

FARMÁCIA DICIONÁRIO

A cura torna evidentes
as ruínas
não tira a dor mostra o osso.

Não traz alívio fisga o brilho.

Melhor remédio
entende na paisagem
os incêndios.

Não cura não mata
como lagarto que mudasse
seu retrato.

Tem de ser o afago
que depurando
apurasse
a saúde na sua doença.

NÃO-RECEITAS

Cerveja do campo rima os rins
mas a vida não é sem ritmo?

Cipó cainana mata reumatismo
e não se morre para agradar
o destino?

Folha santa tira dor de cabeça
quem tira o santo da guerra?

Raiz cinco chagas ordena o coração
o amor sabe linha reta?

João Burangui afina os dentes
são espessas nossas vontades?

Tantos males seus benefícios
raízes faltam
valem os bichos.

Mocotó de veado
e fel de pato amansam os nervos.

Sorte não sermos eternos
nem passageiros.

QUASE-RECEITAS

Aqui se cura e se adoece.
Que alegria atrasar
os relógios do fim.

Eu faço é virar meu tacho.

Depurar o depurativo
dizer que se perdem
as ideias do mato.

Eu Raimundo
Barbosa de Azevedo
receito como se escrevesse.

Quem vira a cabeça
das coisas
entende o meu ofício.

COMO DESMONTAR

A mão lavora a antiforma.

Atrás da pátina, a fábrica
de esqueletos.

A mão que desmonta enfrenta
o cálculo.

Afronta a lição colonial.

No meio do trabalho,
um buque.

Seus disparos, contra-ataques,
sinais ignaros

de irmandade.
A mão torna ao desmanche

da herança: mesa, armário,
que importa —

à luz da manhã são tatuagens.

Assomo
dos vivos entre os mortos.

o,

homem da charola, arremete a seiva contra si, não espera recuperem o seu nome. para o charco reserva suas rendas. está pronto a dialogar com ele. não pensa em soluços à beira do catre. escapou, tal como no parto, ileso — um roçar se casa a outro, enovela-se em carapaça. o homem se quer órfão, livres a boca e o sexo. ele se quer, contra os acidentes de caça. não há bosque que o desoriente nem sal que o batize. escava a dizer que os despojos não são os mortos.

> a morte não monta todos os porcos
> ao mesmo tempo
>
> os q. arrastam
> capivara, os q. escapam
> porco do mato
> os q. falam: queixadas
>
> a morte não monta todos os corpos
> ao mesmo tempo

o corpo tem suas ausências, a maior dá-se pelo excesso. o corpo sobre o corpo, em latitudes sem número, de tão intenso é um furor que se teme por se desejar. suas garras suas guelras ferem a rota que outro corpo recusará, e no entanto busca. o, homem da charola, insiste que os restos não pertencem aos mortos. porém, retesado o arco, o alvo responde: a roupa que vestiu o corpo se despede, a linhagem se rompe apesar das benfeitorias. o cerzido não foi senão doença a partir das sementes.

O MORCEGO

desafia a natureza para assaltar, durante o dia,
o bebedouro de outro pássaro.

Avança, sem apreensão de que o escorracem
(bicho com a treva

às costas). É um direito somar-se à comida,
não importa

a diferença entre os estômagos. Vem, porque
se não ele, outro se

ocupa em justificar a repentina abundância.
Uma porção da noite

desce com o morcego — luminária às avessas.
Capturá-lo à luz

revela na varanda uma rodoviária com sacas
de grãos, chapéus

e orações entre os corpos que se apressam.
E comem todos

da passagem, o alimento maior a repartir-se.
O morcego salta

a divisão das horas para convidar ao sangue
quem se der a pássaro.

SÍTIO

Nesta chácara morou Antônio Francisco,
a lepra morando nele. No ar jabuticabas,
outra matriz. A escada mudou, embora
leve a mesmo recinto. Abismos são pessoais.
Na chácara moramos, os outros em nós.
Às vezes adernamos. Não adianta saltar atrás
das perdas. Os cômodos prosseguem com
menos coisas e mais enredos. A falta de uma
peça rende mil conversas. Antônio Francisco
faltou de corpo inteiro, sem ataduras que o
prendessem. Falência é resgate às avessas.
O espírito come para alcançar a matéria.

CONHECIMENTO DE VIDA

a Cruz e Souza

1. FANTASIA

um casal na tarde
se contempla

a sobrancelha de um
projeta o lápis
nos cabelos do outro

a tarde afunda em éter

2. GAVITA

as pétalas murcharam

meu amor as escondeu
na escuridão profunda
de escaravelhos

meu amor as esmagou
na cerimônia longa
dos pesadelos

as pétalas úmidas do amor

3. MEMÓRIA

tenho em mim o arco
das coisas perdidas

são pequenos os corpos
em que penso reuni-las

embora ausentes significam
como um diário de fuga

O JOGO TRAVESSIA

a Benjamin Moloise

1. A CIDADE

espero o lado do não
    e do sim

talvez uma cidade
e árvores povoadas

uma cidade útil
como a vida e a morte

cidade de lado nenhum
para movimento largo

espero-a sim e não
    esta cidade

2. O PAÍS

existe um país
mas o rasgam

e as coisas ameaçam
desaparecer

       o carvão
não pode sorrir
       em podres
       insetos

o país é um assustado
gesto de procura
que procuro

3. O HOMEM

os vivos não registram
o incêndio dos mortos

sigo sob os avisos
de não haver conforto

       invento-me
para o país do diamante

espero chegar
mas agora atravesso
acompanhado e só

       a cidade

DIÁRIO

a Lima Barreto

1. SUBÚRBIO

Os operários na olaria.

A resignação entontece.
E o trabalho das moscas
sobre as consciências.

Elucidação é a sede.
Também o amor se revolta
e atira tochas ao telhado.

As moscas nos baralhos.

2. IMPRENSA

Sei o que escrevo,
não o escrito —
cápsula de possíveis corcéis.

As leituras esquecem
o cenho quebrado
após a escrita.

Penso com a armadura
dos signos.
Sei o que escrevo: o escrito.

3. COMUNIDADE

Sinto a legalidade
do crime: os culpados
ocupam cargos importantes.

Mentem os amigos
ainda que me estrague.

Esqueço o dia da morte.

Anjo nenhum desceu nas ruas.

Impossível dormir
como se o mundo não gestasse
a separação do arco-íris.

A MÃO DE CAROLINA

fere a sintaxe. Tanto engenho
em sua arte mas livro após livro
insistem em falar sobre o lixo
e a coragem de uma estranha
que escreve, apesar do cânone.
Apesar da fome e dos bichos
que servem ao escritor-pose
para dizer   — "é o caos".
Apesar da entrada de serviço,
do país e da sífilis. Apesar de
a mão contesta o esquecimento.
Quem a ler, leia sob o impacto
dos nervos, leia-se: preparado
para o desvio que faz os vivos.
— A mão que suporta o verbo
não deveria ceder ao comércio.
Espera-se dela, ontem e agora,
algo mais que receber prêmios.
              A mão carolina
escreve em acusação sem volta.

O BICHO

Rastreio a palavra para não cair do cavalo.
Não estou entre os que se refugiaram
em Ítaca, Curvelo ou Tombuctu: há muito
a floresta de signos foi incendiada
e se abriu à escrita do corpo. O passado
está salvo, mas não salva a hora presente.
O bicho, Bandeira, quer dizer, o homem
que alimentou o seu poema ainda nutre
o meu com a sua fome. A poesia se repete
ou a mão que ajuda não cresce? Rastreio
para não trair a palavra do meu tempo.

O POETA DA MÃO ESCASSA

morre com pré-aviso. Procura um porto,
talvez o de Plath, apenas de embarque.
Vai matar-se, mas esquece os livros.
Escreveu-os no embate em que a sede
vive do suicídio. O poeta da mão escassa
calculou-o como obra, sabendo que a mão
se demora nas cordas. Mas nada
é silêncio na *passagem das horas*. Morto
o poeta, seus livros perdidos são mapas.

PINTORES

BRENO CHAGAS

passeia o caos, para seus olhos um quadro
de emoção refletida. Lição de quem fez
da vida o seu engenho. Leonardo,
Michelângelo, por exemplo. O pintor Breno
Chagas sofre a sensibilidade. O olhar
que devaneia é do amante e arquiteto.
Não lutam, dialogam sob curvas e matizes
recém-descobertos. De um golpe o pintor
vê a multidão e o cego que são ele mesmo
aberto em outras caras. Tocam ao *flâneur*
coisas ásperas abstratas. O necessário à sua
obra. Mas ele se supera, não pinta mais, expecta.

DNAR ROCHA

Olho a cadeira adiante. Esse encontro viveu
em Tabuleiro semeado no sangue
por meu bisavô, Bento domador de quedas.
Um encontro sobretudo. Buscamos na pintura
e nas palavras o que talvez vivemos
e tornamos a ser nessa hora sem ondas.
Gosto de Minas, outra e mesma, e por achá-la
a sei mutante nos quadros de Dnar.

Como é outra a vida em sua natureza-morta.
Visto através da cerveja, o verde dá em casas,
céus e matas onde habitamos pela
imaginação que muda igrejas em metáforas.
Um de nós vai sofrer dívidas mágoas azares
como se sabe (depois será comovente ler que
pela obra o pintor cedeu o ar telefone ateliê).
Nesse encontro algo se arruma nos armários.
As sagas de Tabuleiro giram a história
com os lemes da escrita imagem.

JORGE DOS ANJOS

cercado de Exus é a um tempo o sangue
e metal de sua escultura. O que pinta (se esculpe)
pode parecer a alguns dever de filho-de-santo.
Mas o que fixa é luta de pensamento e espaço.
Preceitos de Ogum. O pintor Jorge dos Anjos
se orienta nos objetos. E cada um lhe abre
janelas. Para fazer as cores usa ferrugem como
intuímos nos panos que Ossaim não veste.
Em Jorge se vê o cálculo que mede superfícies.
Ideias de quem reza aproveitando as galerias
de praças, ruas, igrejas. E quando se exibe,
um orixá barroco, incorpora a geometria.

JOSÉ LUIZ S.

Dentro do branco sua mão caleidoscópio
ocupa os espaços. Não os da tela, que
largos são escassos. Ocupa-os de luas
anjos pessoas santos. Desce o arco-íris à
superfície. Atinge sem-número de vezes

a memória: axis mundi do sujeito. Em José
Luiz se revela o existido, que por nascer
é extinto. Seu gesto conhece o passado
na coerente forma: a que esteve mudando
ontem hoje e sempre. Na tela cresce algo
que temos e nos falta. José Luiz fixa as
variáveis que seu nome sugere. Além do S
a serpe se movimenta, olho farto econômico.
O axis mundi do sujeito.

ESTÊVÃO SILVA

Aluno de Victor Meireles na Academia Imperial
de Belas Artes, foi o demo para os clássicos no
Rio do século dezenove. Suas naturezas-mortas
cheirando a quintal agrediam as normas de agrado
à vista, não à vida. No Museu Mariano
Procópio uma tela de Silva espera alguém
que morda suas frutas em belo aquário.
Sob essa ternura há crateras, tudo o que importa
a um homem em sua arte. Carioca, Estêvão
expõe em Minas os dissabores que à distância
parecem nédios e amenos. Prova de que mudam
os lugares, não os infernos.

SALIVA

A intuição escaravelho
estira cordas no sangue.

Muitos atravessando
leram Hart Crane. Eu,

se carece, reviso textos
onde a fúria submerge.

Se disse — não danço
não era ler me esquece.

Era pressentir sob lago
as ilusões rascantes.

As que fazem a língua
rebelde por ofício.

A intuição escaravelho
estira-se no sangue.

Um eu à deriva
move a si como sempre.

O que lá disse eu digo
— em outra forma dança.

AGONIA E SORTE DE STELA DO PATROCÍNIO

Me entreguei à vida e me deram a loucura. Apesar do cárcere o amor se subleva, fala à minha cabeça que roda, se arruma. Aqui onde não sou pessoa me tiram a vontade, não com remédios mas com a ausência que a tudo povoa. Fui vivente no outro lado da cidade, do alto das sandálias me pus a ordenar de sábado a sexta, até perceber nas mucamas a gestação das domésticas. Estive no cinema uma ou duas vezes. Nos edifícios onde me exauri noite e dia olhei o melhor pela entrada de serviço. Meu quarto, sendo quase uma da família, alcançava o céu no além-mar da janela. Apesar disso ser alucinação dos sadios, me deram albergue no hospício. Aqui e lá, onde não sou considerada, querem me tirar o juízo com choques, desprezo e sumiço.

O nada, porém, me recupera: reino dos bichos e animais é o nome que assino. Decifrar a floresta de quem me confina ajusta meu destino. Contra eles o amor se enerva, por ironia sou eu a que escreve. Como escrevia nos restos, nas grimpas para não enlouquecer. Sai a porta-bandeira, o operário, a noviça, o pavão real, a sede, um feriado no outro, tudo que em mim gritava e ainda grita. Sai o ator de novelas, os avós, o arlequim, a seleção de passistas. Sai o pai, a Dandã, os que me foram tirados e agora me habitam. Sai um malmequer na ala dos napoleões vencidos, uma bela entre abraços, meu amor aos inimigos. Me rendi à vida e o pouco que me deu passa como um rio. Apesar dos pesares sou eu a que escreve para salvar, talvez, outros afogados.

BRASILIANA

1

Os camaradas, Drummond, não disseram que havia uma guerra mas, apesar do oceano, os mortos anônimos nos pertenciam. Não disseram da guerra aqui, à distância da mão que dispara. O Brasil é um reduto de esqueletos, uma vez brancos não revelam quem foram antes. Os descarados alugam câmeras para montar o país que samba e aniquila.

2

O Brasil foi formado por três raças e outras tantas premissas falsas. A lei que pune é punho de seda aos ricos. E nós, os punidos, não desejamos senão o que construímos. O que nos mata além da miséria violência cinismo é a covardia e seus sinônimos: traição, doença, o inferno que Dante não previra.

3

O Brasil estirado nas ruas engordou senhores, puliu suas ventosas. O país horizontal que assusta o turista vira estética no cinema. Mas ali, entre a violência, o lixo e quem passa depressa, a linguagem persiste. Uma litania de pobres, uma advertência, Cruz e Souza diria.

4

A elite ainda envergonha o país. O que ilude é o que demite, dia a dia antigos males são piorados. Antologias brasileiras têm que exibir pássaros, além da poesia. Novelas para distrair Itália e Espanha valem pelas mulheres e paragens. Entre seios e bromélias antigos males são piorados. Apesar desse calendário, nos faremos para sentenciar à Mário de Andrade: remate de males.

BLAKE

Não se toca o fundo com cordas de segurança.
Ninguém, meu caro, admite a queda.
Somente o corpo despido de religião e poesia
prova essa intempérie.

13

a voz é o instrumento depois que os outros foram proibidos. nenhum tambor ou corda para dizer o que parecendo ninfa era convocação à revolta.

a casa-grande está tranquila. não há tambor ou corda no umbigo da mata. o céu apenas atravessado de úberes e a suicida no poço.

pelo alfabeto da pilhagem, falar era cair no laço e repetir a frase-mor das palavras cruzadas.

a voz gretou aos poucos até soar triângulo caixa rabeca. parece ruído de gatos, mas os que estão dentro do saco se entendem.

e tocam a voz como se falassem "bom dia, gente, o que era melro, encilha os dentes e morde".

+ 1

A parte que me cabe
é a paz do que arde.

Arde e se faz à parte
do que apenas vive —

vive mas não ousa —
fere de miséria o que

arde e sempre e forte
vem à luz noturna.

A parte tem um norte
e me cabe: embora

assista na *boîte à
lettres* é a rua que me

pensa *urbe et orbi*.
Em cada parte uma

infusão de signos —
claros sob a nuvem,

raros sob
a pele dos números.

Algo se enerva para
além de mim, parte

de um sol em luto,
talvez por ser o nada

o eixo de tudo:
o sal sobre a pedra,

um caracol à deriva
— e em cada parte

um nome-corpo
exato no que hesita.

IDEIAS DO MAR

CENA DE PESCA DE TSOELIKE

a memória é
um curso em parte
navegável

somos os
que trocaram o rumo
pela sua voragem

nossa violência
cai
na órbita de um fisgo

o mundo
barriga e ponta
alucina

(erraram os deuses
a geometria?)

na escassez de um
centro
o que prendemos
nos excede

: sua
elipse não obedece
à nossa coluna

em quatro, porém,
tiraríamos
o pêlo às baleias

não fosse a rota
em si mesma
o desvio

*

: um de nós
pende à direita
como se escolhesse
o ínfimo

: outro
acima, como
se do azul
mirasse o abismo

: ao meio
quem se equilibra
há muito é um
entre os perdidos

: sob a linha
de esqueletos
outro alarga os braços
e ancora

quatro nós em pênis
alçados
prontos (talvez)
para a inumação

*

na pedra, apesar
do cárcere
      fluímos

saltamos do peixe
ao cervo para cobrir
mulher e filhos

a escassa gordura
nos força a um estilo
esguio

graças ao animal
em fuga
e ao estrago
da armadilha

no desenho
não se mede a hora
em que o barco
afunda

e a vida — em pânico
se agarra às iscas

*

em quatro somos
contra
a aflição das escamas

nesse campo
ninguém
ousa — a luta nele
travada não
faz inimigos
: os sangues
que se esbarram

chegam a tal ponto
por conhecimeto
da regra

: o que à alma cabe
não perece

    — de outro
modo ocupa
as escavações

: o que a alma pesca
multiplica no corpo
sua origem

    *

aquele à direita
subverte a espinha
do destino

seu barco
impõe ao corpo

uma rotação
em guerra

o alvo é nada
ante sua argúcia
: o que persegue está
além do sustento?

esse nos inclina
a um norte
que não morre
na extensão da lança

seu arremesso
é um gesto de cavar
onde crescem
os tubérculos

: o que persegue
esse cujo sexo
se iguala aos pinos
do sol?

 *

não vemos quem
nos espera
  nem a orla
a que chamam terra

não distinguimos
durante a lida
  marido
esposa filhos — forma

nenhuma que não
em vermelho

o braço tensionado
é o mesmo
que na vítima
serviu de esqueleto

o suor a carne
o que é nosso
se dilui e se recupera
no oceano

: herdeiros do bosque
protegidos
pelos mantídeos

certeiros na mira
como a ferida
que derruba
os chifres

é nas águas, todavia,
que roemos
o tórax dos deuses

*

levamos os bens
e como a terra
nutrimos sua viragem

nós que entalhamos
o pote e arredondamos
os cadáveres

estamos atadas
aos flancos

onde os homens passam do lodo
à vertigem
incrustamos a pedra que os salva
do esquecimento

em caulim está pintada
a porosidade
— outro nome da pedra

nuvens ao revés
não prometem utilidade ao fogo
nem a noite
em que o arpão e a concha
enlouquecem

em caulim está pintado
o ventre
que imploramos seja acolhedor
e farto

qual dos nossos
sobressai à tempestade?
    ao sangue
que rodeia a embarcação?

sorriem e gritam — ante
a fúria
de uma barbatana

    : não nos dizem
que essa euforia

resvala
os cardumes da morte

sorriem ante o dedo
estirpado, não é por ele
que a testa
faz sombra no chão

    : não nos dizem
sobre as moeduras
à sua volta
    e a serpente azul
que não querem evitar

: nós que levamos o pote
e arredondamos os mortos
estamos atadas
pelos flancos

lá, onde há fendas
entre os ossos, quem garante
amizade aos pais
esfoladores?

nuvens não
prometem utilidade ao fogo
só a pedra
caiada de assombro
nos dirige

: os homens disparam
as rédeas
e exaustos
alçam os haveres ao redor
da palavra

pretendem convencer
os umbigos
de que a fronteira
não lhes interessa

*

os deuses
não esmorecem
se um fosso
nos devora

: por que dividiriam
as vísceras
de um animal
a galope?

entretanto, são
eles por trás da lava
a nomear
o que enfrentamos

: a bexiga esculpe
a pele
e nos assola a ideia
de um acidente

a ser descoberto
depois de muitos
nascimentos
(as fraturas

riscaram no corpo
a separação e os ritos

não garantiram
seu retorno à planície)

: os arpões atingem
menos a caça, escavam
em nós
a errância

como se não fôssemos
quatro,
mas tantos
em exílio

: cada um se equilibra
para dar aos erros
um sentido
— nada nos obriga

a ficar com o deus
do limo
ou o espírito da árvore
: cada um chama

mulher e filhos
para desafiar
a outra margem
: os cadáveres dão-se

vestir como agasalhos
sua ausência
nos incita a roer desde
o pólen

antes mesmo que a
forma

se pretendesse ponta
ou círculo

: essa é a tarefa
ainda que a memória
deslize
em direções

avessas — e as águas
torturem os ossos
e nós
a nós mesmos

SALVADOR
sob os olhos divinos o mundo e sua carne se arranham

Em Salvador a manhã e uma oferenda ajuntam
os homens quando toda lei do mundo oculta
em cartões-postais o esqueleto do outro.
Com a manhã o mar se oferece ao chão e o
pensar dos muitos cresce cidade adentro
as letras de seus olhos gravando como se lessem
a verdade dos deuses. Em Salvador o tempo.

ORFEU

o mar escreve duras ideias

a *réclame* de aimé césaire
aprende das ilhas

              mas antes
anota da mudança a   muda

    os negros os mexicanos
        os amarelos
    audimos um passado ainda vivo
        um ritmo intenso
        de jardins

ANTIODE MARÍTIMA

Vistos pelo mercado, Flor do Brasil & Boa Viagem são barcos levando tecido aguardente tabaco. A memória, porém, vê nesses nomes traição à linguagem. Entre escorbuto e fezes uma denúncia espuma para fugir aos peixes. Flor do Brasil & Boa Viagem são mais que barcos. Abri-los é saber quem sustenta suas carcaças: um senhor de rendas, um país vendado, uma religião que explora. Quando foram a pique e a ninguém interessavam suas farpas, por fim se revelou a traição à linguagem. Nada de flor, nenhuma alegria entre as algas. Já não há escravos, contratadores não há, nem contratos. O silêncio é que enerva, acusação sem sintaxe.

O MAR

1. FALÉSIAS DE SUMIDOURO

legado é imagem
campo em vez de névoa
esponja (sua árvore)

perene o cavalo
a noite no estribo
que viaja

e a lapa
para a qual migram
os ossos

à mesa do sol
nítido canto espera

as guelras porejam
na iluminura
das pedras

2. CAVES DE LAGOA SANTA

na superfície do peixe
os deuses escreveram parca
biografia

a letra inscrita
é outra chave de outro
enigma

sob a memória
a areia constrói: qual
nome?

a lida transparente
é sombra (o amor
sub-reptício)

3. CORTE DIAMANTINO

onde o azul
subterrânea lua

os cílios do calcáreo vigiam

e há mais procura
e desejo: do esperado
importa a espera

não o bojo

sob o azul tange
(que cobiça)
o fumo do instante

OITAVO DIA

Ninguém escreve às almas do Vau. O lugar existe nos corpos, leitores de morte flor e enigmas. O esquecimento veio amigar-se ao pó. Imenso deserto onde se espera o mar.

Entre o Serro e Diamantina a febre semeou horrores. Também incensos velas sal brincos sapatos licores guarda-chuvas. De um tudo para a vida em sedas.

Mas perdeu-se a carícia. Sorte danou. Ninguém adoece pelos moradores do Vau. Pedro Cordeiro Braga devoto pacífico de briga deve dar de comer à fama e às gentes.

Ninguém no vau. Pedro agente postal contador de histórias se esmera. Escreve a fina grafia cartas em prosa e verso para gentes velhas e novas, viajantes que passaram o Vau. Gentes de Seca e Meca.

E o mar reclamou sua orla em envelopes-ondas com peixes pardos enguias mexilhões hipocampos conchas contratos corais. Tudo em verbos. O gênesis revisto e aumentado.

BARCA

Um pálio arcebispos lacerados em prata O silêncio, atrás dele presenças Tudo excelente nesse fausto, intrigas entre as janelas (para que engomar estender toalhas se o divino segue itinerário esquivo?) Autoridades atuam nos cantos Ouvi-las é perder o que as chamas fazem lembrar No mar do senhor os polvos da provação Ossos sem os nomes lustram-se de roxos Um pálio cenário doloroso desse corpo.

Da margem mia cavalo espia em pé em pé.

MARINHAS

Artur Bispo   João Cândido.

Um marinheiro de Deus, outro do amor — mares onde o navio do corpo. Sua guerra contra o caos durou no front, só atritos. Duras celas para o desejo de antecipar o paraíso. Quem os prende e exila mais libera sua revolta. Os tecidos de suas barcas, alvejados, viram história. *Mare nostrum.*

CEMITÉRIO MARINHO

CENA 1

: embarcados, como
avaliar a tempestade

não é fora que a lâmina
arruína, mas
nas veias

o grito (lagarto que
os dias emagrecem)
insulta a diversão
do escorbuto

onde uma perna
    outra
lista de mercadorias
que valessem
    peça
    por
    peça

nesse cômodo
mal se tira a costela
e a morte instala sua
força-tarefa

no vermelho da hora
um baque
    outro
espanto, deveras

o corpo
— o que expõe em mulher
ou guelra
exasperado?

: embarcados, às vezes
nos desembarcam

antes da ilha, em meio
às ondas
como sacos de aniagem

entregues ao calunga
grande, o que resta?
uma
cilada, outro revés?

    à
superfície um brigue
    é
    o
      que
    é

faca alisando a bandeira
do mar   país
sem continente
garden of the world

    mas
    o
    que
    ele
    arrota
assombra-nos

: na praia, desembarcados
teremos de volta
as pernas   os braços
    a cabeça
    os rios
    os crimes
    a ira
    os lapsos
    as línguas
    a guerra
    a teia
    o horror
    a trégua

    o camaleão
    no céu
    a tempestade?

CENA 2

uma ponte de ossos
    submersa
eis o que somos —

além-abismo a sigla
    em gesso
se esculpe e nela

habitam, sob musgo,
la vieja   le bleu

o atirado aos tubarões
que,
devido à calmaria,
flutuou com a barriga
em luto
por meia hora
          o rosto
perto do navio dentro
dos rostos em fuga

          o rosto
esverdeado como um
fruto-memória
    um braço
estendido   além
de seus nervos

eis o que somos — apesar
do abismo e sua colônia
de entalhes

apesar do abismo onde
a forma informe (a
    linguagem)
    nos experimenta

CENA 3

um velho repõe a cólera
não pela intenção
de roubar o sono aos peixes

ou porque uma raia
crispou o coral e sua memória
se esgarçou

— os tendões, uma
vez descolados, acusam
a história

entre essa e a outra
margem do oceano, cabeças
rolaram mas

continuam presas à orelha
   dos livros

se um velho pretende dizer
quem as perdeu
deve se postar na beira

o mar à sua frente
sem nada a recuperar, senão
o exílio

CENA 4

o ventre materno
nave
se atreve nas ondas

não porque os filhos
o pensem umbigo
   fora
   do alvo

o ventre erra
na tempestade, embora
costure os portos
da noite

o que leva dentro
se move
mais que a nuvem
& o comércio

sobre as águas
esse navio
norte de outro norte

mas
traído, o ventre
se inventa
presídio-liberdade

a cabeça (quem
a tiver gire
além do próprio
eixo)
  é o bólido

o que somos
vem de um
enigma
tirado aos peixes

de um corpo
além
das chagas

o ventre materno
nave
esgrime na água

e o que esculpe
excede
ao seu trabalho

: na pele
nenhum risco
que tire desse
corpo o equilíbrio

o ventre materno
diário
rasura a inscrição
de si mesmo

na águas em que
submerge
ressoa, estala
se ergue

— a ele, por isso
saúdam as cabeças

CENA 5

a linguagem espolia o museu
de história natural

nem tudo o que ressoa
é som
a palavra ainda menos

se a diamba espuma
a noite
não é que o morto viajará

o pássaro limpa
os dentes do hipopótamo
nem por isso
vão juntos à reza

a grande árvore freme
mas não é
com a chuva que se deita

a linguagem se joga
no oceano — para desespero
da memória
que se quer museu de tudo

CENA 6

a primeira loja (de carnes:
termo usual
para quem perdera
o domínio
de sua violência)

imitava o inferno
em curvas: trezentos
nascidos para morrer
acenando em azul
    e branco
ao país das demências

trezentos entre os seis
e treze
anos apartados do jogo
: uns meninos
outros, meninas
em fila sob trinta e três
graus

no inferno, o azul
o branco, trezentas vezes
lesado,
se esgueira do assédio
    de sua fila, cada
um respira no olvido

trezentos zeros a trinta
e três graus
crepitam na grama: extinto
o negócio,
não se bastam, em flor
em febre em farpa oxidam

CENA 7

recusado, esse

lugar
é o soldo que reduziu
o mar a duas braças

em 110 metros
quadrados
redondos em febre
e assombro

dormem (não como
deveriam)
seis mil cento e dezenove
almas

: as pupilas golpeadas
no mar cevam
um dia
que não se esgota

de óbito em óbito
o horror assunta os vivos
    corta-lhes
herança e umbigo

de óbito em óbito
os sem irmandade ou
crédito
se escrevem à esquerda

de óbito em óbito
navio e continente são
um
mesmo ancoradouro

de óbito em óbito
se calcula a história como
se ao apagá-la
ela se fizesse nova

nesse lugar
de esconjuros a juros
a nudez acossa
o oficial de ossos

a linguagem, corpo
indefeso, cola-se à laje
suas entranhas são
um caniço

e ainda que o silêncio
a ancore   *suona*
: os que morreram antes
de se tornarem

outros foram lançados
a essa barca noturna
sem nome
tirados ao sangue

não pertencem ao hades
olimpo
de nenhuma ordem
são outros além-outros

que engolem a língua
para regressar
à primeira queda
do rio

que temem perder
a cabeça
e sem ela o rastro anterior
ao chão

esse
lugar recusado
invernou sob arcas
e contrapesos

sob alucinações
e mercadorias alheias
ao seu comércio
sobre tal

cemitério
se atulharam
o descuido letras de câmbio
e tumultos

o que fazer, porém
dos espólios
recuperados no golpe
de uma pá?

são os aptos
no manuseio da
equipagem: os mortos
de quem o navio

não partiu, os mortos
tatuados
na cal, os de sempre
que teriam

movido arcos e tinas
comprado & vendido
suas posses
e a si mesmos

os mortos descalços, os
emudecidos
os surdos a qualquer
sentinela

> *lá vem a barra do dia*
> *topar co'as ondas*
> *do mar*

os vermelhos e suas
orquídeas
saídas no flanco
esquerdo

> *sua terra é diferente*
> *vá   m*
> *orar no campo santo*

os mortos que não
viram a cidade
as lianas
mortas, as mortas

> *lá vem a barra do dia*
> *sem as ondas do mar*
> *de vigo*

o que fazer desses
rendidos
na praia, de suas
valises

com nada por dentro?
de seu esqueleto
convertido em
flauta *lá vem a barra*

do dia topar co'as ondas
do mar de sua
cólera enrugando
a manhã?

HOMELESS

CARTOGRAFIA I

o cultivo no mar
é devoração
: a cada movimento

de escuna
um fruto se desgasta
para intuir

a empresa que dirige
esse campo
é urgente revolvê-lo

desde a medula
— à superfície
o rascunho dos embates

revela muito &
pouco sobre o inferno
submerso

a palavra-sonar
traz à tona
o espólio que, um

dia corpo,
atravessou o próprio
meridiano

: para esse o
esquecimento e a sede
como sinais

    ou nomes
em outra
sintaxe figurados

MANHÃ

: antes que o fisgo
anuncie a tartaruga reagimos
à exigência do barco

ainda se escuta
o ranger da árvore-mãe, o crepitar
sob os machados

— estávamos cegos de frio
e receosos
da agressão que os deuses fariam
explodir do lodo

ao longe, porém, via-se o barco
não os fungos
e o armazém de insetos

atacamos
cientes de que a árvore
nos restituiria

o ferro
de embaraçar a caça

o tronco aguilhoado arrastou
meditações da flora
farpas
que desequilibram a proa

daí a guerra para tirar
o fisgo
levar à praia os homens
e não morrer na tartaruga
que matamos

— estávamos cegos, diz
o timoneiro
éramos da terra, naquele dia

agora o mar
nos caleja o fígado

COLISÃO

o interesse dá sinais
de uma ilha
onde as vontades
aportam
para a separação

    : a máquina
despedaça os ânimos

o que entalhamos
na árvore

abdicou de seu êxito

(não fomos rendidos
pela espreita?)
mas certa linguagem
redimiu-nos

o barco que se impôs à orquídea
trepida
antes de esmorecer

não sabe se morrem em si
o mar
e o continente

    : a máquina
não distingue mutilação
fustiga a tartaruga e o fêmur
de quem a raptou

a voragem muda de fábrica
também os ofícios
    & rendimentos
    as regras
    & mercadorias
    os contratos
    & palavras

a máquina não se prende ao porto
nem aceita a convenção
das cartas

território em si mesma
já não devora
os escalpos

    : a máquina
em nova política, administra

NAVIO

: a máquina são várias

como os seus nomes
alianças
& cálculos

: a que ora se apresenta
é um útero às avessas

um feto trocado
por fumo e aguardente
boia
alheio ao mercado

há quem o destine à roça
quem o excite
para a fuga

nos porões da máquina
vegeta
contrário ao que era

a máquina mesma
pouco revela de si

— navega por que prêmios
sua rota
vale a pena?

quanto mais se lava
maior custo
gera em seus lucros

    : a máquina
se expande
a golpes e cólicas

a cada ângulo
um zero
ressecando as costas

    um piercing
em acusação às ideias

a máquina se ilustra
de anfíbios
mas não explica
suas divergências

    (ventre
    de morte,
    país
    de muitas
    línguas)

o exílio é um saldo
na linguagem
o que resta do mar
se mistura à saliva

no convés tudo
comunica
o parcial desembarque

      (uma vez
      em curso
      aportar
      é a passagem)

os que estiveram
na máquina trazem-na
em quebra-cabeças

: são várias

e fendem na página
a migração
    da sintaxe

LINGUAE

o mundo parece
outra figura
se aceitamos
o verbo sem contrário

    mas se o
vivido dispara
o míssil
das perguntas?

cabemos
no idioma a que não
se ajusta
o país de húmus?

esse idioma
percorre os artelhos

do que
falamos?

: eu memo
é cariocanga
(i circle
the nameless
body)
: eu memo
é capicovite
(glasses are shining
    i know
    nothing
    catch
    nothing)

: eu memo
é candandumba
serena
(but it is silence
offered up
the ring)

la pierre de notre
origine
s'aniquile
mais

je suis un autre
avec
ma parfaite
hallucination

a pronunciar
uma nova

espessura

àtòri	àtòri
bá	organiz
mi	e
to	a
iyè	minha
tèmi	própria
fún	memór
mi	ia

et avec une seule
possibilité
: render o medo pois

os	ìsìnkú
fantasmas	òrun
nunca	kì
comem	í je
obì	obì
torrado	súnsun
no	n'
fogo	íná

: en la lengua
florece
su atrocidad

a punto
de hacer del cuerpo
una fiera
para sí mismo

légun   légun
kúrò   kúrò
bá   ajude
mi   -me
lé   a
ìsìnkú   afugentar
órun   os
lo   fantasmas

    when
    it
    rains
    five
    days
    and
    the
    skies
    turn
    dark
    as night

(não) atinamos
em que
registro
trafega a nave

: la chose la plus claire
en este huracán
are the spaces between
the words

o que me impede
de ser
apenas extensão
da máquina

et me laisse comme
les travaillers
que negocian
la tempestad

    ombera
    tutimba
    ô calunga
    ô tomara
    ô tavira

: a máquina
devorada não
se extingue (espreita
da ferrugem)

o país de uns
& outros
desde o convés
se enerva

desde a linguagem
— diria,
quem está
em silêncio

CARTOGRAFIA II

o norte é labirinto
ainda que o mar
se resolva
em continente

e o continente vertido
em corpo
se admire da própria
ganância

: à superfície
os embates são fábricas
de artifícios
e mortos

o que foi lançado
às ondas
sobe ao maxilar
da história

mas por si não
reinventa a máquina
é preciso revolver
o eclipse

que serviu
de leme à barca
e de venda
aos embarcados

: para o norte outro
norte
como se a viagem não
fosse cárcere

e a rota
do sangue sobrenome
escárnio
como se a caverna

(onde a razão
matura)
não fosse a boca
do monstro

: ao norte a
desorientação e o
sigilo
os ossos do ofício

a memória
coleciona lapsos
por isso
assaltá-la com

a linguagem
extraída a fórceps
do mar
: ao norte

uma acareação
de ostras
até que o exílio
finde

& a máquina
soe
música, outra que
não a morte

ONDAS DO RÁDIO

BALADA DO MORRO DO MORIN

Até a flor dispara.
Não o disparo
que leva tudo para
o caos.

Entre as orquídeas
e a página
do livro, a manhã
é vida,

mais que nunca,
no morro do Morin.

De um lado
e de outro, em cima,
embaixo, sua
mão insone.

Um menino desata
ideias
enquanto, no jardim,
a flor da recusa

põe outro nome
no morro do Morin.

A flor que dispara
é outra,
de rara muda
humana:

entre as begônias
(não como relatam
as moreias,
mas, além)

orna
o morro do Morin.

O BRUXO IDADE ZERO

Calendário do clã o velho reza e cabelo. Seleto como os nascidos em Esmeraldas.

Terra de foles e raros guidons.

A casa do velho o sol entrando nela. Nome o que recebo muda os bens em dias e rinhas sobre o mar. Qual lamparina do sangue, o incêndio das cãs revela o velho.

Mina de nova costela, suado caule e do rosário vassauli.

O aprender o velho demuda em reta sabedoria: o calendário como pensando o velho argila e flor.

Em sua casa seleto com as palavras   o velho dos guidons.

BLUES DU CHÔMAGE

um flamingo ergue o pescoço à
margem de claras manhãs escuras.
não carece de alucinações: aos três,

aos pares há quem se esfole em seu
lugar: os de plumagem xadrez
transidos de uivo e calmos.

alto em sua cabeça, o flamingo se
desampara com o dedo em riste da
fortuna.

oiseaux noire, pensam os da escola
Petit Boulot — o que retiramos dos
bolsos é de matar.

nada, porém, demite um flamingo de
sua curva. nem a seta-sexo à beira da
morte.

para um black bird rouge a máquina
de vontade engrena em horas
inimigas.

TAGS

BIG MAMMA OF THE PARADISE
ligue a manhã no caos e salve
    as alminhas de lá
onde o cotton ruge : rouge ao

modo de cana incendiada   p
or sabotagem
limão nas tachas dentes que

brados na moenda a dizer —
acordo zero good man sir
acende-se   o fogo
à faca no COTTON CLUB COFFEE

: aquele menos de um em cada
mil que não sabia ler   vem
à noite com sua
voz suave como um trovão

BIG MAMMA OF THE PARADISE
nada é claro   nada é escuro
se ligue onde o cotton ruge ao

toque GOLD TOBACCO BLOOD e a
linguagem   no
páreo mede os segundos para
a abertura   do box

BIG MAMMA OF THE PARADISE
o humor dos mor
tos suona nunca mais BLOOD
never more paradise

Ô, LAPASSI

a festa no arranjo
ia nunca mais
trago o rum
    o rumpi o lé

até o morto e o Caíque
querem tanto
    naquele tempo

a festa no duro
vai comigo no rum
    o rumpi o lé

   *

a boca firme
    o Toninho
num compasso belo belo
jazzeia até o
        fim

o Tropical Ritmos
na boca firme o Toninho
    transvira até o som
        band

*

enredo
    a morte de uma estrela

jamais um homem com ameaças
caberá num enredo como o riso
cósmico e morto
        de uma estrela

enredo a morte e a estrela

*

    a comissão de frente
segura no calcanhar os inimigos
    da bandeira
maior e única dos compositores

nem há motivo de os passistas
    tremerem na alma dos pés

    a comissão de frente
é séria de conhecer os todos
        cabelos
    da vida

*

o cego no Calçadão
    com seu acordeon
        Schandall
tira canções em branco e preto

no Calçadão o seu acordeon
             Schandall
o Cente
joga as imprevisíveis canções

   *

um menino pode com o infinito
mas não pode um policial
crescer tanto que o diminua
afinal como pode um esqueleto
roer a música que o atravessa

um menino é também infinito

O PASSISTA

O tempo sobre os estandartes.
Restam o fogo e o brilho
sempre um risco.

A dor não ameaça o corpo.
O suor é velho e a vida
avança sobre a manhã.

O tempo e seu calcanhar
são misteriosos como meus passos
são a festa de meu corpo.

Recito a religião dos calos.

39

uma cadeira ao sol para não endoidecer, garota.
 ouça a mãe
 que sequestra os pesadelos. eles estão dentro
 da minha cabeça
 e ninguém chama o arrombador de cofres.

para tirá-los só o espanto de uma cadeira ao sol,
 a gente
 balançando até moer, o primo faminto a nos
 doar
 o seu ventre de ano novo.

mas isso nunca virá, para que eu fique torta de
 remédios
 querendo pegar uma tolice com os pés e ela
 escapando
 pelo furo das meias.

empurre ao sol essa cadeira. não se descuide,
 a mãe
 desce na velocidade em que ferveu à porta
 de circe
 — a que balança sem a febre dar corda em
 sua cadeira.

amanhã haverá bodas na família, sinto os
  carros viajando
  para a mesa. os cabelos cheiram a gasolina,
  as molas
  dos colchões funcionam muito bem.

dentro da minha cabeça as peias aterrorizam,
  se chamassem
  meu irmão ele explicaria, depois de tirar
  os coelhos
  das armadilhas.

— sejamos francas, minha cara, no alto dessa
  cadeira, quando
  o sol se puser nem os diabos dançarão.

OURO PRETO
roteiro de interpretação

Ao contemplar o barroco das igrejas
e a rouquidão do ouro, o visitante olhar
não funde o corpo ao tempo: outeiros
tão escuros e não compreende o silêncio
de um totem antes jamais percebido.
O barroco não é o cansaço do ouro
mas o direito do explorado corpo.

SHAPERVILLE
de saber que o mito de um homem é mais forte
que seu punho

O solfejo vem sobre o silêncio
maior é o seu sentido que as bandeiras
saudando os líderes e os códigos vazios.
Não importa por que um solfejo anima
a um vivo mais que um discurso.
O solfejo de um pai junto aos seus mortos
torna-os cem anos relembrados.

JOHANNESBURGO
com a presença dos mais ausentes
é a vida seguindo

O incêndio é a mente do companheiro
pousada no poema que há tempos é
impossível completar: o incêndio grande
sem chamas e grande como um tiro.
Há uma sombra razoável entre a árvore
inexistente e o policial desapontado.

SOWETO
o que parece frágil sabe reunir-se
fortemente

O zinco espera a varanda que será
mas a madeira não é toda para montar
um abrigo de pétalas no jardim.
Por agora só a Constituição se contenta
em saber os centímetros de um girassol.
Um girassol é o sol colado ao zinco.

RIO DE JANEIRO
que a música pode ser a vida
e isto é muito sério

A música das estações perdura nos sapatos
e a verdade de um samba é a experiência
de uma rua mal iluminada: aos sábados um
bom dançarino está mais próximo da morte
que uma estrela acesa sobre um hotel.
Um compositor não samba para turistas
e a vida não lhe parece o furo
que o capitalista pensou para o surdo.

MÚSICO MORANDO SOZINHO

Músico morando sozinho
a si também absorve.
Na reza da lógica
que move o movimento.

A ele correm espíritos
segundo o repertório.
Tanta música estampe
ao rés dos músculos.

Convergem em si notas
todos os incêndios.
Inda mais quando ele
explora os silêncios.

Silêncio nas cordas
como se esperasse.
A ele correm espíritos
com não instrumentos.

E quanto som se perca
mais puro resultado.
De canção ou negócio
que em zero ficasse.

SIGNOS

Endereço nos cabelos leva a mais do que leio
onde estão dançando em ritmos vermelhos.
Dançam tatuagens alheias a seu desenho.
As siglas dos mistérios fecham sem correntes
um corpo que intenso se move na inércia.
E sobre outro corpo — maestro por urgência —
dança como se antes vencesse o desespero.
Dentro da música o pente a silhueta a hora
em que a última fera sabe o sigilo dos velhos.
Os ritmos que entendo pelo ruído dos dentes
são outros são estes atentos como espelhos.
Aquela que me dança na mais perfeita esfera
luta com seus nervos e as cartas que escreve.
O blues me atravessa uma rajada de espíritos
as ilusões viram seta navegando pelos discos.
O céu se dobra em ruas as flores nos oceanos.
A dança que se espera dura se não dançamos.

CAROS OUVINTES

Amor se termina sábado
é como notícia de rádio.
Ganha seus episódios
circulando pelo bairro.

A dor em si aumentada
pune sem elegância.
Cada estilete ou tiro
fere mais duramente.

Lágrima que desça
traz resumido oceano.
A música preferida
áspera não se dança.

E há sempre alguém
rosto limpo braços nus.
Que abre o gás respira
até não respirar mais.

O terror sem monstros
no copo apenas água.
A solução dissolvida
até não se pensar nada.

Amor se termina sábado
é como notícia de rádio.
Paira com sua lâmina
de céu quando maio.

NOTURNO

A equipe anaconda rifa a caixa de liras.
O que tocava, tocado demais perdeu
o assunto. Se dançavam, era pelo
hábito e desinteresse. Uma frieza que
diminui o gosto, apesar de cheia a pista.
A equipe anaconda rifa porque tem siso.
Batendo a mesma tecla faz ruído, ainda
que seja isso há-de ser com ritmo.
Não o sabido, mas o que tira espinhos,
rói dia e cortina. A equipe anaconda
rifa sua caixa de liras. Não tendo nada,
não desanima. Isso é o que é a banda.
Tocando zeros é toda inúmeros.

CAMELÔ E QUEIJO

Aparelho de aferir o prazer perturba,
mas que fazer se tudo não dura.
Se é preciso estar feliz na água,
jurar de pés juntos amor ao que mata.
Sei que vendo a preço de corda
o prazer de cortar um queijo — na
aparente inércia enxuto, exato.
O aparelho segue mecanismo fácil
cortando em larga ou estreita fatia.
Sendo justo ajusta a mão do usuário
para ser generoso ou avaro.
Vendo de graça, esse o meu mister.
O aparelho mede o prazer da hora
e como a palavra (seco, móvel)
acresenta sua parte àquilo que corta.

DESEMPREGO

Vou à esquina com os velhos
navegar o calor de altas ondas.

O Simca Chambord um lagarto,
latarias e óleo no ferro velho.

Um cigarro trocado de mãos,
o gesto que lembra a 45.

Na esquina os olhos lentes.
A alegria da escola no meio fio

desarma o cinza de repente.
Pernas esguias contra o áspero.

O atingido é um circo, o que
não fala às tias perdeu o ônibus.

A casa-marquise recebe primos.
Um cigarro trocado, dívidas não.

No desafio camelôs de farol,
a economia dez balas por cinco.

Penso os discos que tive, no
que me falta e serve também.

Manobram o simca lagarto ao
sol, os velhos riem.

As ondas oscilam como se
deus dirigisse o filme do caos.

Na esquina o bairro atravessa,
a lataria ferve a quarenta graus.

AULA

Fala de vendedor ambulante
é signo em rotação. A gente
lança no ar o que tem de ser
dito e colhe — nem sempre —
o fruto de algo vendido.
Repetimos as falas aceitas
para garantir a venda, mas
o risco do improviso é o que
há. Três por dois, duas por
uma — essa sintaxe apraz.
A gente lança no ar. Se der
ritmo ganhamos a feira, se
não, fazemos finta de baile.

PEIXES

Mudamos na tarde, os pertences vistos
pelos passantes. O nome atrás do sofá
todos leem. Mas o amor não é secreto?
Um fracasso na festa, domingo em que
a vida sofre, um vício, a conta não paga,
sua fotografia da gente. Isso para todos
antes de se embrulhar na camionete.
A fúria que vivemos, orações coladas
na mesa. O mar que de repente espelha a
família se movimenta. Deixem as ondas,
quem olha entende. Nos querem magros,
roemos a música enquanto mudamos.
Se nos desamparam, vamos de ônibus.

IMPERFEITO CANTAR

OPUS

O coração navega.
De amores esperados nenhum
ancorou. O campo
parece outro (de quando?).
Mas, eis que a perda
gera seu reparo: o amor
atravessa a noite
encarcerado na grimpa.

O coração campeia.
Oceano.

COR

O touro não ameaça
o coração: encordoados,
ambos
(sob qual cerca)
mastigam o nó.
O coração impulsiona
o touro: desenfreados
e lampos.
Sob a cera nutrem
a falta que os alimenta.
O touro encordoado,
seu coração insano.

ALARDE

O corpo busca afago entre as coisas.
Não está a serviço de quem figura amar,
não se dá ao jogo depois de ferido.
O sangue mancha o rio, não há piso
alheio a sua rede. Quem brandiu a faca?
havia uma? Chegamos à hora íngreme
e não intuímos os meios como a ação
se desenrolou. Mas um fio de cabelo
nunca se desprende todo, como aquele
que Cortázar fingiu perder para delírio
familiar na *calle* Humboldt. Cresce
e se instala à espera da captura. Talvez
o nojo nos impeça de reavê-lo, talvez
a fome não aprecie luvas ante o desejo.
Ao fim, a mão afiada sai em férias,
o corpo não sabe se frutifica ou morreu.

O ESPÍRITO DE ÉPOCA

tem o corpo por princípio.
Não se anula entre a faca e o golpe,
tem pressa em saber que sapatos
atiçam os lerdos.
Não quer a fração, mas o nocaute.
Não segue a ala dos leões.
O espírito de época nasce morto.
Quando baixa, não lhe importam
o senhor, a missão, a língua.
Não o compadece o anjo da ruína.
Em sua bagagem, os órfãos
inventam outra maternidade.
Vive-se a hérnia do espírito de época.
O poema e a mão que o escreve
seriam a sua casa, se abdicassem.
O espírito de época não tem classe.
Velam por ele viúvas sem viúvos.
Quando baixa, não lhe falta humor
para recusar o próprio sopro.

NOS VARAIS

Tudo panos, úmido murcho,
como corda antes da música.
Tudo uma roupa vasta que
a mão separando ajunta. Fios
de uns e outros misturados,
cada um com seus nomes.
De rito e de longe, de muito
e nenhum recurso. Tudo um
risco para quem torce as costas
no tanque. Como as letras na
impressora antes dos livros.
Tudo roupas para um corpo
que se expande todo braços,
segurando as peças. A quem
atenta são páginas de leituras.

ITEQUES

O sentido das coisas se rebela entre a boca e os ouvidos. Vez por outra, a forma em que é possível roçá-lo pende do pescoço: no couro o animal em fuga, na madeira esculpida uma floresta. O sentido escorrega para as coisas que retemos e nos transformam em textos. Quem tropeça, altera uma frase, se cruza o sinal vermelho desespera os pais da história. Por decisão ou força habitamos alguma paisagem, até que as fronteiras se extingam, as cifras percam a valia. E reste o homem no centro da cave, sem favores, nem mais nem menos que a crispação das árvores.

MARCIONÍLIA, PENSADORA SEM RUÍNAS

As dores são reais,
não se pode aboná-las
com possíveis manhãs.

Interpelo a vida,
sem garantias.
Dos carros, em seu transporte,
sobram vestígios?

As dores usam xales
bordados por nós mesmos.

AUSENTE

As meninas do Ausente
não têm espelho.

A cama onde sonham
dorme sobre forquilhas.
Essa como tantas
heranças vindas do mar.

Um mar que se encapela
para chamar Calunga.

Não foram às aulas
as meninas do Ausente.
Sua geométrica sintaxe
mede-se como fortuna.

Há muito sangue
nos campos avaliados.
Não pergunte no Ausente
pelo ouro das grupiaras.

As meninas do Ausente
se olham por modelo.
Que nelas tudo é ordem
de águas sobre lajedos.

E de amor que tange
seus bois e sua roça.

As meninas o sabem
sentindo como presença.
De suas ondas formando
um oceano e outro.

LETTERA

1

Raros livros para ler na relva onde
páginas viradas sejam dedos algas.
A vírgula sele num beijo as línguas
e o amor mova o que há de belo
a mulher nua por cima. Raros
livros para ler no chão, espaço
em que a mata cita a mão intensa.
Nesses livros a palavra se envolve
com a paisagem, embora reste
só o perfume. Livros onde o mar
é para a boca um fruto que excede.

2

Azul, elegante forma de memória.
O desejo por ele rende a quem,
para ter, se deu antes. Toalhas nos
joelhos anunciam algo feito e ainda
por fazer. Prova da vida espessa.
Outra coisa passeia o corpo se para
tocá-lo uso ânsia unha e terra. O
nome que o amante dá ao outro revela
o quanto se entregou para escrever

o que se apaga. E continua, no entanto.
Das coisas elegantes outra vez azul,
os móveis antes do incêndio.

A mão no lugar da flor sobre a foto.

DIA DE FESTA

a Maria Alice de Melo

Com sobrenome dia de festa
a mulher mora no cóccix da
máquina de escrever morte.

A mulher mora no cóccix da
máquina de escrever inverno.
Com sobrenome dia de festa

a mulher resolve o dilema da
máquina de escrever isto ou
aquilo remédio impaciência.

Um céu propício lá fora e a
mulher insiste na máquina de
escrever como se fiação fosse.

Isso aquilo luminária e sorte
são variações da mulher no
cóccix da máquina do mundo.

CARTAS

DE JANIS A BESSIE

A gente não tem o que quer.

Queria ser de rua.
Usar filtros de ontem.
Não explicar as ranhuras.

Não importa falar
que amei.
Amor é a guinada.

O dia preferido não vem.
Olho fotos de infância
e sinto a angústia
de quem é feliz.

Queria ser a santa clara
dos demônios.
Espetar na memória
a agulha letal.

Mas não adianta
sofrer.

A rua continua lá.
O coração continua
como as marcas de pneus.

As coisas continuam
em quem passou por elas.
E nem dá para viajar
fora da eternidade.

A gente não tem o que quer.

DE BESSIE A JANIS

Amar a música
leva ao amor dos músicos.

Precisei deles
para ver como os felinos
são tranquilos.

Precisei deles
quando as férias no inferno
duravam.

Outro remédio
é tomar o ônibus.
Dizer ao vizinho
morrer não é elegante.

Ninguém lê as tardes.
Não gostam do carmim
nas flores.

O sangue sai uma vez
de nossa vida.
É a música ligada.

Isso não é morrer.
É falir como as fábricas
que deixam raiva
nos operários.

Eu sou uma fábrica.
Eu sou uma operária.
Sinto a necessária
raiva para viver.

ENCOMENDA À LIVRARIA

À mão o remédio sem volta, no calibre
que a angústia escolheu.
O teto baixa.

Por mais que a letra se afigure ideia,
ambas
não são gestos.
Nem mensageiros com a resposta.

A ruína vem e esgarça o nicho.
Impõe fronteiras para as quais não há
documento.

Agarrar-se ao papel na parede, inútil.

Há nele aviões em chamas.
Embora tenham recolhido os corpos,
o cheiro
comprime o prédio.

O coração explode.

Para que o álbum e a gravidez?

A mão consola os que foram deixados
na fuga.

A mão que se volta, quando volta não há,
e pressiona
o aparelho.

CERTOS DIAS

ELGIN

A máquina decora
apenas, embora continue
cosendo na memória.
Mais que roupas, a gente
que as vestiu e despiu
para o amor, talvez.
A mão recolhe alfinetes,
em pouco insinuará
o milagre dos peixes.
O que hoje se fez tábua
e metal foi lugar
de insana agricultura.
Banco sem ser de praça
que saldava contas
em prazo invencível.
Mas contra o infortúnio
as ondas do rádio
e um baile na alma.
Um buquê de agulhas
cresce na máquina
e, apesar disso, a sala
esplende sem pespontos.
Nada que não houvesse
antes, a não ser o tempo
para amar-se amando.

PANAMÁ 57

O chapéu já não existe
e o homem a quem servia
inspeciona nuvens.
Prova de que vão-se os
anéis e os dedos também.
Mas o pormenor
de um gesto perdura.
A mão prende o chapéu,
pende a cabeça e sem
hesitar se dão inteiros.
Os gritos no corredor,
o surto, a falta de alguém,
uma violação da flora
— nada agora sobrevive.
A não ser o que desiste
e convida para o amor.
Por mais que tiroteios
ameaçassem, era leve
o homem e esguio.
Multiplicou-se em fotos
que regem a contramão
do esquecimento.
Onde não há rumores
ele sorri dança e fala.

VARANDA

O namorado da viúva
passou, ia contente.
Não se diga dessa novela
não anda e que outras
findas não interessam.

Para graça ou tormento
a varanda está pronta.
Aqui o chapéu espera
venham lhe abrir a porta.
Quem costura governa,
sem temer, o mundo.
Controla à distância
uma fuga, o casamento.
A prisão, um beijo,
uma crise, o reencontro.
Aqui as tardes comadres
um carretel a infância.
O que sendo pó
também deseja e se reparte.
Uma aflição despenca.
Andorinha de porcelana
na parede, um vaso.
Alguém hesita, a vida
espia da varanda.

LAPASSI

Não vingou a sorte
aberto o coração.
Há muito não circula
a grande dama.

Sou de ver o baile.
Não danço não compreendo
a coisa rara
devorada.

Não escrevo melhor que antes.
Escrevo.
Coleciono vírgulas
manhãs em fuga.

Depois do sétimo véu
setecentas perguntas.
Um só sentimento
ilude a fortuna.

Quem respira ao lado
não sabe o eterno enigma.
O que sei está aqui
incapturável.

CORPO DE BAILE

PERGENTINA

Lenço na cabeça mãos
secas não dizem nada
aos que encontro,
dizem a mim entanto.
Tem de ser lenço
como página anterior
ao documento, exata
a mão como recibo
que sustenta o corpo.
O vazio e o deserto
prontos para o amor.
Do homem e de deus
aprendi por contato,
um com sua loucura
outro arremessado
sem franja ou freios.
Para ambos a roupa
se passa e o que seria
trabalho me lava.
Já não me perturbam
as cáries, o receio
de morrer por crime
se esgota em palavra.

VERÍSSIMA

No jornal que vendo
ninguém presume
algo mais que havia.
Não no enredo das
letras nem das fotos
corrigidas: é matéria
que me foge ao corpo
mas não serve para
fazer filas na calçada.
Entre a vida alheia
a minha se imprime,
não a papel e tinta.
Impressa aos poucos,
dia após dia, a par
de tudo que se fala
e nunca se noticia.
Não tenho os braços
que amor me cortou
na linha férrea.
Quando me pagam
me estendo para o
que é comunicação,
mas ninguém atina.

RUTH

As unhas no coração
do violão sem rédeas,
porém sob medida.
Mesmo que desça
a manhã e com ela
as sombras, a noite

agora me ilumina.
Uma ronda se soma
a outra, a música
acerta o que não
se pode mais calar.
Do lado de fora
da bíblia uma legião
de sem nomes.
Por isso, deixe que
a leitura da carne
seja nossa alegria.
Será sempre tarde
se o amor que chora
não virar a mesa.
As unhas no coração
da vida dão as cartas
que valem a pena.

DA FALSA MORAL, DO BOM CORAÇÃO

esta, capa que de si
incerta, ajusta:
a seu modo erra.

aquele, gêmeo que
parte a corda. a seu
modo a emenda.

Estar ao lado não é
estar a par.
Nem sempre o braço
que irmana

é irmão. Tem, se puderes,
o alforje
pronto. A mão
apta

a ler no escuro os
documentos.
Quem vai ao lado
sopra

nos pulmões a receita
contra os tiranos:
o fino pó,
o vidro que em

alguma província
moeu-se. No entanto,
contra
todos a fineza

se arvora. Sem marcas,
adesiva:
"Um braço
ao redor como uma

forca". Tem, se puderes,
uma carta
na manga: a mãe
teceu o berço,

a contrapelo,
as fronteiras. Retrocede
e salta
os diálogos

da conivência. Não
tens
que permanecer ao lado
da estátua,

dentro do esquema.
O coração,
que nada mede,
é o mundo.

EBLA

Perdido o cálice
não formado.
Inventa-se o nome
com iniciais do campo.

A família reza
aos terríveis anjos.
O verbo flameja
sobre o pão.

Perdida em núpcias
a iluminura.
Outra ordem entanto
move o coração.

Para o amor
que não aporta
vieram os dias.
A feição indissolúvel.

PALAVRA-PÊNSIL

NA CASA DA PALAVRA

os homens que falam poeira cadê sua miséria comentam o motivo de falarem poeira cadê sua miséria.

Poeira cadê sua miséria não é só poeira cadê sua miséria: mas o ovo de outras coisas.

Os homens que falam poeira cadê sua miséria se vestem de poeira cadê sua miséria. Eles se conhecem desde-o-ó-do-mundo pela música que poeira cadê sua miséria faz neles.

O modo de falar poeira cadê sua miséria deixa a língua no sal.

Os homens que falam poeira cadê sua miséria treinam de usá-la. E nunca repetem o que disseram no camaleão poeira cadê sua miséria.

NO BOSQUE

Rodearam o tronco com seixos para
conter a grama   verde sem regras

fome que se faz ostra, sob a chuva.

Os seixos chafurdam como dentes
de que não se extraíram as sobras.

Com o tempo se fundem à macega.

Rodearam a si mesmos para saber
que método
traria os seixos ao dia.

Porém, certas ideias se tornam as
cercas que não deveriam ser.

E assolam o território como este
poema   grama noturna
que se alastra.

*

O mofo aderiu aos morangos, tese
que esperávamos não vingasse.

Por uma estação, limpam-se os
ossos para que o horror não retorne.

Filhos dos que tiveram as mãos atadas
adivinham
a noite que não cessa.

São herdeiros, mas não é dado a
todos a herança.

E não é garantido que os ancestrais
queiram seguir além de sua árvore.

O mofo sobre os morangos.

A história é um logro, se o passado é
todo de certezas.

AVISOS DE PRAÇA

> "Vende-se um piano; em casa
> de Carlos Montreuil, na rua
> Direita nº 25."
> *Pharol*, Cidade do Juiz de Fora, 1882

O Dr. juiz de orphãos
ainda que pouco saiba
faz saber
que o maior lanço arremata

> 2 marquezas velhas
> Sabina, e seus filhos
> bois de carro
> Mimoso e Francez
> Joaquim quebrado
> Velludo
> Hipolito e Adão
>
> & mais bem feitorias
>
> 1 monjollo
> 1 moinho
> Eva solteira
> 1 casa começada

Outro sim, eu, escrivente
juramentado
Affonso Henriques Assis
de Aguiar escrevi.

*

Eu escrivente juramentado
invento a juros
o que pretendo.

Não há mercadoria
sem mercado.
Não há palavra
sem preço.

Assino o variável serviço
do significado.

Recomendo lupa
martelo também
pois que sólido muro
o texto.

Eu mesmo não sei
o lado esclarecido.
Cada escravo em anúncio
anunciado me vejo.

Eu escrivente a juros
assino o que escrevi.
O texto me desconcerta.

*

Escrivente juramentado
comenta
e argumentando mente.

Affonso Henriques Assis
a guiar reino dúbio
oratório de outros dias.

Affonso Henriques assiste
à incomercial certeza
miserere miserere.

Affonso ex-enriquecido
proprietário sem posse
da letra que inventou.

Escrivente perjuro afonso
a juros condena
o ofício de si mesmo.

TEMPO PRESENTE

Os negros de Serro
e Diamantina
estão conluiados.

Largaram as minas
por compromisso
também os roçados.

Há palavras
como silêncio
pelas esquinas.

Os ricos de soslaio
espiam das sacadas.
Dizem vem reforço

da guarda nacional
para fazer sem efeito
o que não morre de fato.

Esse levante de mito.

O segredo
anda como rio
escrito nas portas.

O que tenho lido
são grandes ideias
de quebrar até a rima.

Vão mudar o regime
pai da miséria.
Erguer a cabeça acima

da coroa sem nome.
Fazer novo direito
para direito de todos.

Vão iludir as lavras
ficar nos passeios
olhando a vida.

Vão dizer pudera
nosso sangue é nosso.
Os negros do Serro

e Diamantina
estão conluiados.
Que vocabulário

deixaram para uso
não à tirania
viva Rainha de Congo.

A santa seu rosário.

CADERNO DE RETORNO

Contra a blitz na memória
                           a Memória.
Contra o desprezo ao que dançamos
                           a Dança.
Contra o repúdio ao que falamos
                           a Fala.

*

Nos fundos do país a festa não termina
será uma para disfarçar outra guerrilha?
Quem a percorre
desde a sala
pensa nos esqueletos
que trepidam sobre outros emudecidos.

*

Quero às vezes me desligar do lugar onde nasci
como um rádio que se desviasse das ondas
        tantos os furos no olho
        tantos mortos a esmo
        tantos assomos para o sacrifício
        tantos tiros no muro.
Sob tanto sono tranquilo um circo de horrores
                um lampejo
                de que iremos de cadillac
                ao paraíso.

Estamos exatos na métrica na rima
nas campanhas de salvação da fauna, estamos
experts sempre atentos.
        Ó como somos plásticos
        para olhar de esguelha
        e entender os mitos.
Mais uma série de ensaios
explica — o país era outro mas, iludidos,
deitamos gatos para acordar lebres.
Ante as versões
de spix, martius & company
        atenção, repare, escute
        a pulga atrás da orelha.

Como soou o país tocado pelas mil duzentas
e setenta e três línguas indígenas
antes que minassem
a nuvem, o vento, a tempestade?
        Como o recitam as cento e oitenta
    exiladas do dicionário?
        E as africanas que negociaram
        em senzalas e praças?
        E o português se arvorando
        em camaleão nos trópicos?

Ah o cansaço de discutir como são as coisas
    e como poderiam ter sido
        as visões, os reveses
    as infiltrações que torcem o umbigo da palavra.
Há reptos lêndeas e maios no meu país
        ícones entristecidos
        miragens
    que me atam de vez à sua quermesse.

    *

O pequeno afogado continua em nós
como o encontraram
de pé no lodo da lagoa. Embora Vênus ardesse
e ganhássemos no futebol
a notícia desarmou o domingo.
O que é aceitável nos compraz, ainda se torto
Jorge perdendo o mesmo páreo
no jockey club
Waldemiro cachacinha
escondendo a giz
as manchas das roupas
na Lavanderia Palhaço.

Mas e a infância agredida pelos peixes?
A criança morta, de pé, na memória?
Se me dessem o escafandro
haveria como aninhar os olhos fixos
as mães em pânico.
Pudera ser o gancho para içar os afogados.
Um recife, um canivete, meu bem,
para o abraço ilegível do mar.

*

Morremos pela boca, exceto Exu,
    guia de Tirésias
que desacata Gregório de Matos
Macunaíma e François Villon.
    Exu calibã
luva insuspeita de Shakespeare
caçador que tem em si a caça
e se irrita
preso a uma dezena de nomes.

*

Nessa geração
    que é minha e pouco decifro
a distância entre o descampado e o pátio
é maior. Das escarificações na face
    restou o baralho
    a flexão de rugas
    sob a fuligem.
Cruzar a cidade é moer mais que mover-se
    o amigo e sua bagagem
    revestida de selos
    quedam num depósito
    identificados
    como não identificados.

Nessa geração (incomunicável) que decifro
algo se costura quando se desprende
    a guitarra elétrica de Ogum
    a visita de Zambi
        aos legumes nos stands
    tudo a olho nu.
Nem atinamos com a direção, seguimos
    por uma ave
    um desfile
    uma vítima
    por zelo algum
    mas tão possíveis que saltamos
    da alma e partimos.

LES HOMMES-BÊTES
(notas para um etnógrafo)

1

    rito de nascimento:
    o ramo de ouro
    as minas de prata

apesar do autor, o texto se arrisca para não colher enxertos à sua margem. o texto seta não funda colmeias nem países (com adjetivos), desarma o lacre e a fábrica de belas artes. para quem não basta o miolo ou a carcaça, o texto sugere o alarido da ostra

2

    rito de iniciação:
    o ramo de ouro
    as manias do rapto

apesar do texto, o autor contém a ira ante um mercado de erros. lê como se extraísse a casca de um orifício. (sem armas) o autor se arma ainda que a função não o obrigue: estão fartas as peças que imprimem letras, embora autor e texto insistam no marco zero de suas medidas

3

    rito de fertilidade:
    o ramo de ouro
    as moedas no caixa

apesar da escrita ou qualquer suporte, autor & texto suportam a linguagem e a língua. se algum desvio torce-lhes a superfície, autor & texto veem aí as coisas e dizê-las (em palavra somimagem corpo) é uma questão entre outras. autor & texto negociam o abismo ou melhor: a montagem para trazê-lo às retinas

4

    rito de puberdade:
    o ramo de ouro
    a miríade falsa

apesar do leitor, autor e texto deflagram as cápsulas do sentido. as máscaras do leitor têm na luta o sinal de boa vontade, suas garras vão ao texto como dardos à fruta: o que mordem não é carne, mas o que estando ausente se fere ainda mais. diante do leitor não há caixa-forte: se a forjassem, autor e texto fariam (quando muito) uma chave às avessas

5

    rito fúnebre:
    o ramo de ouro
    os foles da palavra

apesar dos pesares, autor e texto atiçam as hélices como se um — por não ser linhagem sem o outro — expirasse à beira do livro (objeto para não conter guelras nem acidentes). nome que se desse ao texto e seu autor não faria o livro nem a página de rosto com que este nos ilude: para o autor e o texto, a memória é um imposto que se cobra a si mesmo

EMISSÁRIOS

"É múltiplo e indômito... Como a própria vida, transforma-se sem parar, e assim faz o universo funcionar. Ficou com o encargo de receber as oferendas e distribuir os dons."

1. O ENCONTRO

Como a cidade no mofo a rosa de um morto sobre os jardins. Estaríamos aliviados se a limpeza dos lustres não rompesse a pedra enigmática que conduzimos. Nossa morte repousa, vontade merecida de um incêndio. Também eles desmontam as flores auxiliados pelos arlequins. E não sabemos por que somos a intenção dos raios. Como a cidade a rosa de um morto nas escolas.

"Ele transforma tudo, por ter engolido e devolvido tudo. Exu é a vida, com todas as suas contradições e sínteses."

2. ENCOMENDA

Rejeitamos proteção pela ausência do que entregamos. Deveríamos dizer-lhes, mas talvez

perdessem a barba na constelação dos
esqueletos. As toalhas sobre as marquises,
talvez lhes tirássemos a vida. Mas a encomenda
nos acompanha e um livro se castiga na manhã
das palavras. Se lhes disséssemos arruinariam
as esquinas onde se amam as flechas. Passemos
sob as árvores.

> "Exu é a unidade que se multiplica até o
> infinito... Tudo o que se une, se multiplica, se
> separa, se transforma, tudo isso é Exu."

3. ANDAÇÕES

E sob os canais de uma cidade onde o beijo
martiriza os bosques. Logo estaremos na
estação e nenhum orvalho cederá. As esquinas
afiam severamente o destino. Então o abraço,
noutra cidade, e elas se sucederão. Não
contaremos castelos, resíduos, serão tantas
humilhações que o medo partirá o perfume
das flores. Cada punição há de nos parecer
uma indagação sobre a felicidade. E sob as
árvores o rastro das cidadelas. Passemos sob
as árvores mortas dos canais.

PRINCÍPIO

Oxalá "é o grande deus da brancura... Dele dependem todos os seres do céu e da terra. Ele é a brancura do indeterminado, o deus de todos os começos e de todas as realizações. A vida e a morte abrigam-se debaixo do seu pálio."

As árvores presenciam a criação do mundo. Sendo eu a respiração das aves, serei novamente água e árvore. Nascerei após o fogo, arderei antes de mim mesmo. Um raio espera em meus pensamentos, sei a morte e a vida, razão porque silencio e canto. Sou a face que não possuo, renasço sem mesmo desaparecer.

IGREJAS DO ROSÁRIO

a Rosa Maria Zamith

ALTO DA CRUZ
DO PE. FARIA

Santa em ouro menor.

Não importa a matriz
santíssima nos adornos.
Cá o espírito esplende.
O livro da irmandade
professa outros mandamentos.

Verbo por verbo
o dos conspirados.

TIRADENTES

Lua de olhos cúmplices
com o furto que a doura.
Serviço feito à noite
esmerado na carpina.

Olhos fechados até
os anjos
em sono ou desculpa
para não ver
o vistoso.

Com o dia esclarecido
os burlados contemplam
sua burla.

SABARABUÇU

Obra interminável pois
começada.

Talvez se complete
na abertura de janelas
a céu nenhum.
E na santa cujo nome
o não-altar proclama.

No templo ausente
uma santa mil devotos
partitura
           e vozes.

MARIANA

Discreta esposa
costela excelente quando
anjos suportam
nem de ouro se carece.
A bruma torna outra a cidade
e o que envelhece
novidades testemunha.
Abrigados em seu manto
os surrados em público
ainda sabem amar.

CALUNGA LUNGARA

Vou pôr em palavras
o que não é possível.
São águas-palavras
que se dissolvem.

É de Calunga que falo.

Pode ser grande ou
pequeno, depende
de quem o atravessou.

Seu nome
muda com as línguas.
Em umas mata
em outras é oceano.

Nele está viajando
quem não tem corpo.
Nós somos marujos
em terra de romaria.

Calunga anda a noite
estudando os sonhos.
Acompanha marcas
presas na poeira.

Traz medos de presente
medos de família.
O maior não mostra
que até ele morreria.

Eu pus em palavras
o que não era de falar.

O que se diz não é Calunga.

CORTEJO DE CONGO

1. VASSAULI

Trago os pés de menino:
dai-me flores
dou-vos alma.

A Senhora dorme longe
com suas agulhas de cristal:
dai-me ajuda, tecedeira,
dou-vos pedras de meus dedos.

Os grilos indagaram:
"Onde vais, que sanha tens?"
"Nossa Senhora, que encantado"
o silêncio rematou.

Trago os pés de menino.
Oiá, senhora rainha, oiá
dou-vos preces
dou-vos contas
o que me dás?

2. CAPITÃO

Caíram meus olhos, os
dentes não sentem frio.

Barui, barui
baruiê
negro quando ri
o braço mordeu primeiro

(Não meço pela espada
o dia que me cabe: os
santos bordaram
flores de meu corpo).

Os dentes não sentem frio
marcam no céu
crispam de lua o rosário
camundá, camundá, auê.

3. BANDEIREIRA

Quem é cego:
o dia com sua sorte, a noite
com seu vestido?

Ô vassauli
não vale dizer o nome.
Quem te guia: a noite
com suas caras?
o dia com seus sapatos?

Quem é cego?
Pergunto de valia:
quem é cego, oê?

4. CAMINHADA

Trago olhos de menino
mirados na bandeira.

O vento se arma
com duas pontas de frio
dobra o corpo, ô crioulo
dobra o corpo.

Barui, barui
baruiá
trago o terço contado: um riso
para Zambi
um gesto de filho pequeno.

Barui, barui
baruiê
ô rosário, mundéu, camundá.

MATINA

a Núbia Pereira

O dia não sabe seu nome
e não poderia.
Muitos gritos de chuva
ainda dormem nas árvores.

Quem viu o sol não vê
o riso de Zambi.
Só os antigos olham
mas não dizem
ou se dizem
é na língua do silêncio.

O dia é uma noite acesa   *vamo diá*
E Zambi é o mistério.   *vamo fazê maravia*
       ô diá, ô diá.
O dia não sabe seu nome.

CANDOMBE

Põe o ombro na lua.
Mas levanta forte
que Zambi arrepia o sol.

Os velhos desfiam os dedos
e o tempo se assusta: "Auê,
quem vive tanto é de mistério."

"Não, que o quê" — respondem.
Põe o ombro aqui, candonga
mas dobra forte
que Zambi engole o sol.

Uê, morde por dentro
cobra dormindo faz a cova.

Uê, quem sabe desses meninos
é Zambi que engole o sol
é Zambi que mata o sol.

TAMBORES

São três os tambores, como
os fogos. Nos antigos os
meninos: são dois
e o terceiro tempo mordido.

    o santana, o santaninha e o
    são três os tambores sagrados.

Toma sentido, se o
dia é de preceito.
Os antigos bebem silêncio
as caixas riscam no escuro.

    o santana, o santaninha e o
    são três os tambores sagrados.

No Candombe furam o medo
o chão se veste de calos.
Auê, não perde o sentido não.
São três os mil tambores.

    o santana, o santaninha e o
    são três os tambores sagrados.

FAMÍLIA LUGAR

Um rio não divide
duas margens.
O que se planta nos lados
é que o separa.

Aqui cemitério
lá capela da trindade.
Aqui os entregues
lá os escolhidos
em severa matemática.

Para um devoto
tudo é muitas coisas.
Uma ravina de águas
Que envolve
vivos e mortos.

Por isso é direito
passar a um lado do rio
a capela
e o cemitério.

Em ambos se viaja
bem-vestido e forro.
Em ambos espera
um domingo
de várias línguas.

Aqui no cemitério
homens multiplicam.
E o que fazem
está na oficina
do entendimento.

Essa é a margem
silenciosa do rio.
E mal permite
a ruga do tamboril.

Lá capela
nave sem instrumentos.
Nela o que inspira
é a música
os santos no reinado.

Um negro do rosário
faz uma as outras coisas.
Na ravina do rio
lá e aqui são capela
e cemitério.

Estamos nós, os Bianos
de enigma resolvido.
A lagoa onde somos
tem ideias de rio.

Aqui e lá são peças
dos olhos em movimento.
Como são na diferença
os mesmos Deus
e Zambiapungo.

FOLIA

Mestre: Os reis não viram estrela:
foram vistos.
Dois seguem, o terceiro
dormiu no orvalho.

Em seu encalço o inimigo
com os cavalos de morte.
Um rei segue, outros
cobrem seus passos.

Os reis na lapinha:
um trouxe o que os outros
não sabiam. Ô reis
a que viestes?

O Bastião: Trouxe um par de enigmas
e uma dança de bastões.
Agora não sei de nada
o frio, contudo, é maior.

O Friage: A caminho os guardas moeram
a chuva encarangou: trago
os dedos e a tremedura
do corpo que espera.

O Velho: Quando vi sereno nasci
com os ossos perfumados.
A vida os foi quebrando
trago as mãos e as sobras.

Mestre: É tempo de abrir a noite.
Muitos choram, outros não.
Os reis vão mudos
cada qual com seu mistério.

A estrela, uô
se esconde no orvalho.

PRÍNCIPE PEHUL DE FUTA

Samba Gueladio perdeu o reino
(restaram-lhe a mãe e o griot).
Samba Gueladio aprende
a deitar o duende guinnaru.

O griot ensina a não morrer:
por isso Samba Gueladio
deixa de fora a cabeça
pensando estar no mundo.

SUDIKA MBAMBI

Quem é Sudika Mbambi
um pé no céu
outro no ventre.

Seu cajado de pedra
risca na terra.
Seu cajado de estrelas
nada pode vencê-lo.

Sudika Mbambi quem é
e seu cajado de antílope.

OBRA

O rei quer um corpo de ferro
com sangue nas veias.

Walukaga ouve a sentença
treme em suas pernas.

Para criar o absurdo
deseja matéria impossível.

O rei encolhe os ombros:
não pode atender o pedido.

Walukaga ganha consolo
deita o rei no espanto.

CÂNHAMO

Zimwa e seu cajado.
"Tragam-me cânhamo.
Estou só e morro."

As filhas ainda cedo
viram outro com o nome
Zimwa-mbanje.

Dois homens amadureceram:
um com lábios de cânhamo
outro com olhos distantes.

As filhas velam os corpos:
um que fumava cânhamo
outro do mesmo nome.

INQUICES

São os antigos.

Morrem de um jeito
vivem de outro.
Vivem na gente
não sendo sangue.

Não sendo sangue
molham os ossos.
São os mesmos
que não eram antes.

São os que murmuram.

Sabemos deles
os apelidos.
Chamar é senti-los
andando em nós.

Andando em nós
alegres ou tristes.
Como uns velhos
quando meninos.

São os que matam.

Por encomenda
ou acerto de contas.
Também educam
no seu carinho.

No seu carinho
que não tocamos.
O lado quente
da morte.

Os inquices são e são.

Porque comeram
o miolo da vida.
Com dentes
e fome.

Fome que se tem
todas as horas.
Ouvimos a lição
dos inquices.

Os que não morrem.

LIVRO DA IRMANDADE COM AS PALAVRAS SOBRE VIVAS À DEVORAÇÃO DO MONSTRO ESQUECIMENTO

1. BICHOS E PLANTAS

O maribondo em tempo de oferenda.
O baru instruído na linguagem de morcegos e bois.
Um moringa de três caras onde a miséria governa.
A siriema intrigada com o engenho.
O dicionário das forquilhas com tantos verbos.
A garganta do guará.
A trançage mais senhora que o céu.

Esses negócios de mesa como jarro e de fiação:
cardo e carda, cadeira e costela.

O olho do guará antes da morte.
E depois da morte amuleto.

Um pequizeiro no pensamento do amarelo.

As unhas como enxadas e esses aparelhos que dão no terreiro, na estrada: em vereda.
O calango escolhido a dedo.
A santura selvagem do cipó são joão.
Um fogão vermelho.

E o mau-olhado no olho do guará morto.

2. SANTAS E SANTOS

O milagre é menor que sua leitura, como o ferimento na claridade.

Quem sarar pode é santa e santo.
Com benzedura o instruído escreve itinerário
para cobras:
medir no campo onde a vista alcança, se valo
tiver,
ir na beira, olhar fundo e conferenciar.

E morar com a sombra de si: no cerrado, na loca.
E prever o gado morto sob a chuva.

E comer fubá-tijolo, da água-sangue ouvir.

E tomar o gato, rir nos olhos dele. Ver o milho
plantado no seu escuro sob a gameleira.

Santa e santo são assim: o compreensível e o não
das coisas. Apartados do resto, o resto bem feito
de tudo.

Milagre recorda o fazer santa e santo, no derrubar menina de árvore, no sangrar dez noites
sem morrer o mestre folião.

Depois é só a leitura dos acontecidos.
Que também Deus nisso tem interesse.

3. HOMENS MULHERES E RODAS

Lica e Zé de Ernestina na barca de sua varanda.
O Divino Espírito Santo à espera do benzedor
que se consagra e cura.
A esposa s'admira.

Nélson de Jacó. Terezinha de Nélson de Jacó.
Jacozinho e Ana e Raquel de Terezinha de
Nélson de Jacó: O que soube tudo quando morando no Calabouço.

Dorva e Domingos e Dominguinho. O tempo de
escravo demudado: marujo do rosário levanta
guarnição e louva.
Mama Kitaia Calunga Lungara.

E a roda engravida como árvore de nomes. Lucas
e Dante, Zacaria e Cenira, Honorina, João e Pedro. A bíblia dos escassos.

4. BREVIÁRIO-MOR

Excelência fora de hora, nunca.
A morte cavalga sem a cabeça chamar.

São Marcos da Orelha Furada nos orbes da casa
sua conversa tem valia.

As pedras no cruzeiro pôr das maiores.
Não se adivinha o tamanho diabo a defrontar
quando a ponte.

E pacto só com boa assistência.

Profecia nos livros merece tutela: é palavra escolhida.

Como o livro do sete selado.

Mas com essa mãe no setestrelo nada a carpir.

CONVERSA DE FERREIROS

na queda   bate contra o céu
a mãe   arma
o circo
com perfeição   arma perfeitamente
forja
o músculo para compensar o olho torto
a cegueira

o lado coxo da flor de maravilha   roça
os homens
que abastecem   a morte

a mãe arma a rede   os
nós amarram
quem rifa a própria coragem

ao fabricador das horas pede-se alguma
renda: o seu
mais é menos cinza escassez esquisses

O SAQUE

O museu de etnografia confere
ao arcaico

a certificação: o que era moeda
de matrimônio

(boi vermelho com chifre serrado)
é o caos

que, fora de si, não nos ameaça.
E dentro da norma,

sob as etiquetas, nos convence
de que a cultura

é um fruto nosso, não do alheio.
Sob as arcadas,

o museu tira a pele do animal azul.
Seus porta-vozes

(que divorciaram o boi vermelho
do sexo)

se distraem com o quebra-cabeças
do discurso.

Não houve suor, atrito não houve
entre os noivos.

Não houve sangue, nem dúvida,
de negar o pai

por um instante, e honrar a mãe
dando-se em

fuga. A noiva e o noivo (parece)
deram-se

porque foram dados, testemunha
o boi

fornido vermelho dessa mostra.
O museu

se cumpre, legado de certa leitura.
Seus limpos

dentes de crocodilo oferecem o país
que não existe.

CASA-MÚNDI

MELANCOLIA

Neste cruel país não evito
a árvore de fetos.
Vendo o que nela freme,
me asseguro a paz.
Sabendo como pendem seus talos,
não há cansaço
nem insônia.
Sentem igual o dirigente da comarca
e o nomeado
para sanear as vias públicas.
Vemos todos os dias a árvore de fetos.
Por que não tocamos
os seus frutos?

DO PRESENTE

Onde me vires,
adverso no centro da fuga,
recorda a hora cáqui:
no fim do corredor
atiram sem piedade.
Saiba, penso em viagem,
não a de retorno ou partida
mas à nação
de nossos irmãos vividos.
Se atinas com a guerra
dos carunchos,
não me olhes demoradamente.
Penso em viagens.

NARRATIVA

O filho que não temos
saltou a cerca.
Ouço os cães,
mas o silêncio da casa
nos conforta.

Bons vizinhos,
porque amam nosso filho,
em vida não sentiremos.

As cercas nos unem.

A trajetória desgastante
nosso filho a transpôs
por incerto sentimento.

Bons vizinhos,
invadem nossa casa,
nosso olhar ambíguo olha.

Não temos cães.

PERSONA

A inocência fora de seu tempo ameaça como
os saqueadores. Isso seria um argumento, não
fosse a carne exposta. Inocentes e saqueadores
compram alimentos, vão ao comício, se apertam
e, por um segundo, desenham a linha sem norte
da intolerância.

Entre vozes perdidas, uma canção vidente.

Não é por ela que a tarde paralisa e avança.

Turbulento navio.

Por tão explícito motivo, a pele que antes nos
cobria, escama-se.

Na desnuda paisagem, vocifera a infância.

NOVA HISTÓRIA

O que se abraça está perdido.

Uma teoria para colocar
a roda no eixo,

a descoberta do plano que
permitiu saltar o muro.

O que se abraça perde-se.

Um travo na voz empurra-nos
para a verdade,

mas o lixo a que nos demos
turva o sol.

Estender o braço, a depender
do gesto, é um risco.

O que direi à minha filha?
O que dirás

à esposa? Enquanto sorriam,
a grama

cresceu-lhe sobre o corpo,
densa e verde

como uma ideia infernal.
E não era

sua. Rendeu tratados
e assembleias.

O que abraçamos nos perde.

Pelo menos, aos poucos,
a lã desbota

o vermelho, alguma renda
contorna

o berço, outra é a cidade.
Perdemo-nos,

quando a extensão
do braço

não dissolve a morte, mas
a prepara.

JORNAL DA MANHÃ

Não é tempo de conselhos
aos genitores
(os ungidos degeneraram),
há frases demais,
um conflito dentro do outro.
Jovens tropeçam
e sobrevivem
ao nosso infarto.
Deveriam sair em férias,
os abonados: de suas costelas
nascem crostas.
     O melhor alvo
         Escola
         Parque
         Hospital
O coração sincero.
Não é hora de conselhos reunidos
entre chávenas.

     Despojos
ardem no centro do relógio.

CONTATO

Chegas ao jeito
que os parentes chegam.

Há um chegar constante,
expectativa amorosa:
tardas, meio de mim se aborrece.

Meu país, angariado
aos insensíveis,
chora pelos ouvidos.

Em comum nada somos,
forjados à existência
tememos desaparecer.

No entanto, chegas,
e nem te digo
qual o meu país.

O PASSADO MONTA O PRESENTE

não com esporas: os mesmos
olhos
sobre a noite, a noite mesma
quase humana.

O século monta uma terrina
de ossos
para guardar
a fúria de
quem se fez-refez e não sabe.

O presente não logra expulsar
essa mosca
azul. Veste-a por ser vespa:
um cálculo

que excede o tempo, o lucro,
o corpo. Montado
sobre a noite — um
fotógrafo — o século passado

é presente. Não com esporas,
não.
À francesa
sua roda monta
a quem lhe permite montar.

O século passado   a noite
quase humana.
O passado monta o presente
com seus órfãos.

VISAGENS

1

Não vos preocupeis.
Há séculos nesse jardim   A LEI
outra função não tenho
a não ser esperar.

Libertar é meu desejo,
eu que respiro
porque vireis.

Confiai, confiai.
Serei mansa
ao quebrar os ossos.

2

Sete mercados vigio.
Penso para impedir   PRIMEIRO
sem mão nem culpa.   ENIGMA
Vinte mercados vigio
para que nada passe.
Me proíbo
onde permito o proibido.

3

Afirmo o que entendo
ser o interesse do fato.　　SEGUNDO
Emito a tinta　　　　　　ENIGMA
outro mais, o veto:
somos por usura
a solução e a pena.

Ora, perdoai-me,
se quando acerto
apenas eu sobrevivo.

4

Incendeio a devoção
e o nome.　　　　　　　　TERCEIRO
Porque nasço, arrisco.　　ENIGMA

A vida é desordem
mais tarde, silêncio.
Tenho meus desígnios,
o que não significa
compreendê-los.

Sou irrevogável
e se digo: sois livre,
não sei se o digo.

5

Aposento os cansados
no cais dos livros.　　　QUARTO
Ameaço-os com o tempo.　ENIGMA
Cabe-me a lisura
dissoluta.
De idades verdadeiras
não entendo.
Condeno, se aposento,
e gravo nos sinos
a palavra dos mortos.

6

Os vivos não podem
esquecer-me.
Iludo-os com novas　　　QUINTO
virtudes; metade livra,　ENIGMA
metade insana.

Pertenço ao resíduo
dos velhos reis.
Cedo ao momento
com rasura própria.

Os signos rosnam.
Sou para não ser.
Se liberto aprisiono.

7

A LEI

Não vos preocupeis.
Meu serviço
equilibra no abismo
o susto dos homens.

Sou verdade
para mim mesma.
Sem nenhum remorso
desvio o novelo
que não me pertence.

Existo para o descanso.
Confiai, confiai.
Serei mansa
ao quebrar os ossos.

CONSCIÊNCIA DE CLASSE

O quintal: verdura
para a honesta fome.
Cunhada para os
herdeiros, uma árvore.

No fundo da quinta,
um muro, limite
de musgo.
Da janela se percebe

até onde vamos,
que aldeia nos define.
Depois do muro,
outro lugar assiste

ao que somos em
modo diferente.
E não o revelaríamos
não fosse

o ímpeto que refaz
da morte
o lado humano
da família. Dizem

(mas não há provas
que o sustente),
haver nesse outro
país um desastre.

Talvez um cadáver,
um dicionário de
extremos.
Talvez o íngreme

deserto onde a casa
se extingue.
A casa, enfim
despida e entregue

em seus enganos.
Contudo, até onde
vamos
é o muro. Nele,

o que nos define,
sabe a árvore do paraíso.
A fenda
que alarga o muro

cresce em nós, ou não.
A depender
do que fizermos,
o cadáver

salta entre as dúvidas.
Ou, se muito,
adorna
o muro.

ÓPERA

I. BANDEIRA

Não há tempo para a poesia
no noturno da Mosela.

Mas, na madrugada, a tecem
os monges da fábrica

com as botas de sua origem.
Tecem na língua que vai a pé

pela história do bairro.
Vêm de Bérgamo e Hanover,

de algum vale de minas
— os mais pobres,

em compassada acidez.
Vestem a neblina, a lã

e a fuligem
como uma pele provisória.

Não há tempo a perder,
exceto

essa hora que a si mesma forja.

II. O FILHO DO OPERÁRIO

Quando aos cinquenta,
amigo de Francisco *Fuorilegge*,
amarei este rato —

chave para uma infância
que absolve
os piores poemas.

Este, cujo assalto
se aninhará sob o braço
da memória.

E será bendito, louvado
antes
que a hora chegue.

Quando eu tiver
a idade em que perdoar
é o móvel principal da casa.

    Não agora,
    aos sete:

    o pão à mesa

ganho pelo pai
cevado pela mãe
cobiçado por mim e os anjos.

Para quem tocá-lo, rato
ou rei, a Sentença.

III. ROSA, DISTANTE AMIGA

"A consciência da história
é triste",

dizia a líder
de fileira, sem ainda
ser do sindicato.

"O gado se alinha
com roupa *sport*."

Dizia, sem que nós,
flores
do primeiro turno,

gêmeas
das orquídeas
do segundo,

tivéssemos amado
a rosa
de Luxemburgo.

A beleza nesse
conflito é triste:
apenas mulher

& máquina se têm
por companhia.

"Virá a hora",
vestida de palavras a líder
insistia,

"em que à luz, cada rosto
será
o futuro."

Nós, que não tocamos
o céu de Luxemburgo,
somos a rosa,

o lírio, a espera, a flora
que não se adia.

    *

São duas, dez, uma
centena
as operárias. São
de vária

procedência, mas
o lenço
torna iguais as
cabeças.

Do Grajaú ou
Meggiolario.
Da última réstia
lunar.

Há nelas o que
a patronagem surta
por não domar.
São dez para uso

e desuso
da máquina *Made in*

Suor.
Porém, há nelas

um cisma.
Um repto de quem
fia
& não confia.

    *

"A síntese", assevera
a líder,
"se dá em vida,
quando a vida se dá."

Susto, em nós,
verdes.
Imponderáveis.
Os filhos

— esperem,
os noivos,
idem.
Por amá-los,

recusamos a seda,
o cinema,
a solidão
do corvo.

Nada disse a líder
que
não soubéssemos.
Fiar,

tecer, coser, vestir:
não é isso
a história? mais
que recitar

Marx entre planos
de carreira
e afagos?
A síntese, se houver,

não nos
contempla, diremos
à líder.
Imponderáveis

somos.
Mãos de casa, em febre,
na manhã
silvestre.

IV. UM OPERÁRIO LÊ

um livro de poemas sobre operários
e lamenta: — Não nos conhecem.
Vão às colunas de Tebas, ao inferno,
os poetas. Alguns com bolsas
do governo, outros que não tecem,
pagam do próprio bolso. Em
tudo se parecem, até no bom senso
de saberem: "Vamos ao mar, porém,
separados. Transidos de metáforas,
os poetas; pela história, o operário".
Um operário lendo à porta da fábrica
(coisa rara) ilustra os livros

do ensino médio, rende trabalhos
que servirão de fundo aos armários.
Por que um operário e mais de cem
os poetas? Talvez o nome na capa
multiplique o homem
e os homens atrás da máquina
sejam outra peça da engrenagem.

No entanto, o poema lido trabalha.

GERAÇÃO

Numa caixa, tudo
que o poeta escreveu está mudo.
Há uma explosão, lá fora,
contra ela
a palavra não vinga.
Reuniu e sabe por que o fez o poeta.
Depois do artefato,
sedamos o assombro: a vez
é sempre a dos outros,
é deles, em pedaços,
que as autoridades cuidam.
Apesar da inércia, giram
na caixa
a jovem
e o professor de paletó escuro,
de vestido amarelo
a mãe,
o velho e a nuvem, um gato,
o mito
de um discurso. Tudo no poema,
quando
os mortos são apenas números.

FORA DE ARQUIVO

I. MENINO COM PÁSSARO VERMELHO NAS MÃOS

Não te assustes. Virão dias
em que perderás os companheiros.
Se já não os perdeste,
é difícil ser solidário
quando tantos se recusam a sê-lo.
Tuas ideias inquietam,
porque se abrem ao futuro.
Não te assustes — recomendo.
Não com os dias que virão.

II. O QUE NOS FALTA

Não se vê quem mora ao lado.

Nesse tempo,
em que o rosto na janela é denúncia,
olha-se a praça.

Olhamos a sirene,
o verde ao fundo, com idosos
em partidas derradeiras.

Joga-se a dama e o destino.

No interior dos pátios, alguém
(nosso vizinho)
tira os ossos sem remorsos.

III. RUA DE CIMA
RUA DE BAIXO

Há no time deles um
defensor

que pisa pelos calcanhares.

Pisa os calcanhares, por
um jogo

sem memória. Seu maxilar
morde-nos o sono.

Às vésperas de enfrentá-lo,
não é a turma,

mas ele, o
único,

que abre fendas

em nosso esquema.
Há, e eles sabem, um terror

em nós. À hora,
entram pisando nas orelhas.

Ele não veio, nunca veio,
embora,

naqueles dias,
raspasse nossas cabeças.

Por sorte, um tiro livre direto
rompeu

o rito que o mantinha.
Como um Aquiles

tirado de seus serviços,
eis que

o vemos, estirado no córner,
a defender-se

de nosso esquecimento.

IV. QUANDO SABÍAMOS TUDO

Impacientes palavras
lutam no corpo.

Lutam porque a fala
do corpo

falha — e nas fendas
o horror

se alimenta.
Impacientes palavras

— está dito,
que não se rendem

à sua órbita.

V. O COMPROMISSO

Estão acontecendo coisas,
Dora.
Não é preciso que me digam:
— "Vieste do inferno".

O sobrenome dos meus filhos
não veste bem a neve.
Não nos querem aqui,
se é que nos quiseram lá.

A paisagem no final do corredor
é nosso último casaco.

Uma revolução, Dora,
alicia o jardim.
Lagartas saem da máscara, besouros
erguem as alças de mira.

VI. O OLHO ARMADO

Mãos e pés atados,
não morremos.

Não morremos
entre os lançados

ao mar.
Ainda que mortos

nos tivessem levado
ao ossário.

Não morremos,
como veem, ao menos

os braços
que faltam nos restam.

Cabeça e tronco
encurvados

: não morremos.
Detidos a esmo

: não morremos.
Com a faca no pescoço

: não morremos.
denunciados à parca

: não morremos.
Traídos, renegados,

desfeitos em peças
: não morremos.

Escondem os nomes
de quem nos mata,

embora morram
mais que os mortos

do seu trabalho.

VII. PERDIDOS NO ESPAÇO

Esperamos
os que partiram
pela manhã.

Cruzaram a esquina
como quem usa
os melhores apetrechos

da vida. Na mochila,
um caderno
de notas, uma aurora

(velha palavra) ainda
por se decidir.
Eram dois, três, cem —

difícil dizer,
ante tão largo chamado,
naquela manhã.

VIII. O TEATRO DE JOSÉ CAMPOS

O conhecimento não nos salva da barbárie.

Dá-nos a responsabilidade
de termos às costas

mais ossos do que podemos carregar.

Com injuriosa competência levamos
as cinzas
ao futuro.

Salve a *ex-machina* da vontade.

Com ela alçamos do lodo o anjo de fogo.

GÊNESE

Nesse momento, escrevem-se histórias
a sangue e fogo.

Teus ancestrais levaram esse peso
nos ombros.

Tu.

Provavelmente teus filhos.

Com ele, a vida
e a incompreensão do seu preço.

Nesse momento, um braço ergue o arame.
Um pássaro erra o domingo.

A dois passos de ti explode outra fraude.

CINE PARADISO

O país é bruto.

Nós.

Uma estreita comunhão.
O caos.

A não ser pelo chamado
a salvar,

ninguém se importaria
com a brutalidade.

Outra feição de mim
    e de ti

levamos oxigênio
ao pensamento, sob a marquise.

Nem tudo desaba no bolor.

Um corpo, todo assombro,
arde.

NÁUSEA

A luz atravessa o vidro, esbate na estante.
Ninguém estancou o próprio sangue
por isso, mas é certo
que algo se anuncia: rude e sem piedade,
rói a lombada dos livros.
Não lê os afazeres e a flora,
que entre pausas se insinua. Não esperemos
passeios na ilha
ou vistos de entrada.

O que se anunciou polidamente nos devora.

AS EXCELENTES

1. NONA

O jarro engravida.
Para isso curtimos
menores vontades.
Felizes os cavalos:
nada encomendaram
e no que legam
reinações se percebem.
O jarro corrói: engravidamos.
A sede
é que possuímos.

2. DÉCIMA

Aos cordões as marcas
de enforcar.
O que dar aos enforcados
depois de enforcados?
E à leva de seus herdeiros?
Fácil não é consumir.
A fome basta
e descontenta.

A morte cansa.

3. MORTA

Cartórios intimam
pelo acordo rompido.
Outro nome
outro concerto
outro rouge
e discurso cunhamos.

Cartórios relembram
o texto assinado.
Mudamos de casa e corpo,
para viajantes
mudamos.

No acordo que fale
alteramos tudo.
Isto não mudamos.

UMA FRUTA

que rola da caixa para a boca
não resolve o dia de quem
a come. Antes, abre o desejo
de investigar outros pomares.
Se a polpa da fruta alimenta,
seu movimento inquieta.
Como um fio de cabelo que
tiramos e acaso sentimos de
novo. A fruta se desperdiça
se a mão a retém tempo
demais. O que seria repasto
de um não sustenta a família.
Rola então o conflito, cada
um endurecendo por dentro.

CONFIM

Na hora de montar
a bagagem pulsa,
os demônios cosem.
Sob o cós (resinas
carpem) que presépio
arma o coração? À hora
de montar
nasce o centauro.
Os demônios dormem.

CÓDICE

Tardiamente o enforcado
pergunta. A corda
(ciúme dos diabos)
penhora os ossos:
que rubros entender?
No silêncio o escrito,
a respiração inadiável.
Basta o pó
para revelar.

CLARO

O custo sobe à monta
de medo. Há o furor
cujo incesto
o retém no vidro.

A noite tange sua
besta (não houvesse empecilho
haveria outra
no espelho).

Para dentro da porta
os inventários:
— foi no campo ou no
ventre
o prurido?

HISTÓRIA ANTINATURAL

HOMEM-BALA

Um emprego não basta
para sanar as dívidas.
Quanto mais ajusto
tanto preciso ajuntar.
Quando paro, tudo
em mim trabalha.
E já uma outra dívida,
crescendo no sujo
da antiga, se anuncia.
Mal desço na praça
um braço me cobra,
outros me olham.
Tudo em mim se rala.
O que sobra gera
outra promissória.

HOMEM-GOL

Falhar é um direito,
em meu caso, um caos.
Se me ausento do lance
é como se acabasse
o gás para o almoço.

Cada boca tem a fome
do juízo final até que o
juiz apite: acabou.
O jogo agora se disputa
mesmo sem partida.
Não há dono do time,
bola também não há.
A tática minha e sua
é atacar na defensiva.

HOMEM-MOSCA

Para lições de leveza
nada mais que o corpo.
Se possível um anúncio
em que a sorte nos
convide à sua fazenda.
Para se manter no ar
é preciso músculos
e alguma tolerância.
Nossa natureza é pedra,
se muito, espuma.
Mas não será absurdo
flutuar na palavra
uma vez e outras.

HOMEM-RÃ

O início do mergulho
está na ausência da água.
Quando tudo é esgoto
como achar o que se busca:
um braço e um dejeto

são uma só carcaça.
Recuperamos as coisas
em partes e com isso
a luta se reapresenta.
Num braço o corpo,
num chassi a máquina
que o precipitou no rio.
Mergulhar é dar início
a um quebra-cabeças.

HOMEM NU

A mão que me devassa
não colhe senão
fiascos de um tecido.
Há muito me imprimo
em formas anuladas.
As que têm medo
e, sendo muitas, vão
sozinhas ao labirinto.
Onde não há marcas
vigem meus dedos.
O nome que ostento
é um clã de anônimos
associados & filhos.

TEARES

O tempo de perdas toma café,
olha por distração, o coração abre
a caixa de primeiros socorros.
Insisto no amor de nomes difíceis,
na dificuldade que é o próprio amor.
O tempo gera inimigos em tudo
que consome, posso não entender
os antigos, não chamar a chuva
mas sobrevivo dessas ausências.
O tempo não suporta os que vão
se separar e se cruzam no cinema.
Os deuses não sabem o que fazer
desse filho, nós deveríamos?
O tempo de perdas tem uma
habilidade para deixar
algo que enfim não perdemos.

ARGUMENTO

O que se come à mesa
tem menos de matéria.
Tem algo da sintaxe
que devora a si mesma.
Algo do ritmo que o corpo
aprende como se lesse.
À mesa da casa ancestre
a ausência põe sua mão
sobre o alimento.
À mesa, chão suspenso,
os presentes se põem
à prova, atentam para
o grão, a folha, os poros:
— à mesa se traduzem
no corpo alimentado.

EIXO

Alguém, nessa noite, pensa em ti
com tal força que desvia o curso da flora.
Poderiam, ambos, retificar
o uso dos sistemas: letra,
número,
intenção ou gesto nessa fração noturna,
não são mais do que celas
em desalinho.
Saquem os apetrechos.
Não importa a contenda que se arma
— às armas.
O que julga saber e os que julgam
são uma esteira, apenas,
para a mudança da flora. Nessa noite,
em que alguém
pensa forte em ti e absorves
o pensamento imenso,
nessa noite,
o que nunca pudemos ser está pronto.

REBOJO

1

Sejam piedosos, sensatos,
ou quem sabe?　　　　　ESTILO
Não ergam estátuas
para salvar memória.

Armem diques
sabendo-os inúteis
ante a cavidade
do tempo.

Compreendam a razão
de evitar estátuas.
São mais elegantes o vento
e seu martelo.

2

Diga não sei.
　　　　　　　　DISSIDÊNCIA
Não quero, não posso.
Sua entrega passará
à margem do ossário geral.

Diga je ne vous connais pas
antes que a tarde morra
e o convidem para assassino.

Não se preocupe em dizer
Uamba uakamba kikunda.

3

A vida não se impõe
em suave exsudação.　　　PESAGEM
Não se toca impune
as horas do fruto.
Mas há coisas permeáveis.
Necessário é surpreendê-las
em sua escultura.

4

O tempo é de esquivas,
absoluta só a fraude.　　　CONVÍVIO

Lírios deixam vigias.

Olhamos a espessura
onde o tempo esgrima.

E a morte pensa
como as árvores nos grandes
invernos.

5

Coisas nos desarvoram.
Estão rodeadas e se ouvem   EDIÇÃO
pelos nomes acumulados.   REVISTA

Ainda nos entendemos
nos livros.
O entendimento residual
das palavras.

Coisas deambulam
em seu incapturável limite.
A esperança advoga
no livro: coisa entre coisas.

ÚTERO

1. PAI. FILHO

O atual estado
de coisas
exige.

    Em face
do que foi dito,
risco.

Exija-se, or-
dene-se
ao discurso-mor:

venha despido.
O nosso
tempo

não admite,
não
suporta. O que

aí se reparte
é nódoa
de outro tempo

fatídico.
Se respira, então,
ao toque

de nossas mãos
é por que
voltamos às rédeas?

2. LUTO, LUTAS

Pai e filho olham a nave,
enquanto a morte passa.

Um tufo de morangos selvagens
explode o jardim.

O carro que os levará à cidade
se atrasou.

No muro, a sombra da oliveira.

Uma lagartixa arrasta o musgo,
o imponderável, não.

Ao fim e ao cabo, missa de sétimo dia
e passaporte são apenas ritos.

Mas não agora, quando as rodas
insultam a morte

e tudo vibra sob o vermelho musgo.

3. JOGO

Para não perder o filho
que há no filho,
o pai leva-o ao fotógrafo.

Como as guerras passadas
continuam presentes

e as futuras
tenham chegado tão cedo,

> pede um fundo
> que no Futuro
> não seja recusa
> para o filho.

Nada de aviões em céu-cobalto
ou soldados, de folga, no circo.

Nem anjos que soprarão
as cinzas.

O pai quer, no fundo, o filho
liberto.

Não acertando a cena,
desiste do retrato.

CABECEIRA

O mundo se bate por uma variável
língua, e não nos entendemos.
Aros na estiagem são o fonema
que faliu sem gerar comunicação.
Não houve tempo, nem vontade
para coser o pacto? Era preciso,
sob pena de se exaurir o homem.
Esperamos em vão o repasto,
tarde o centeio explodiu em pão.
Que fazer? A relva onde os cavalos
crisparam se apagou, arreios cospem
a lição de pedra. Como não ver
o golpe que vitimou a todos?
Testemunhamos o cós armado
do inimigo, a pira onde a liberdade
expirou, os prazos insondáveis.
Nós, tão confortados pela certeza
de que o passado era um bazar.
E que entre rubis, enxovais,
nenhuma traça fiava às avessas.
Ideias, no entanto, forçam as paredes.
Entre o que fizemos, e não,
algo se revela necessário ainda.

PERITOS

Haverá cortes entre os que se ocupam em fazer
cálculos e previsões.
Nem o mais pessimista imaginaria a espessura
do assombro.
Calcularam, previram segundo a margem
humana,
mas faliram tragados pela fúria
                                   inumerável.

NIHIL

As cabeças estão cheias.
Um remador deitado no capim.
Duas mãos não bastam para repor as ideias no curso,
além de cheias, partidas as cabeças.
Esvair é o verbo.
Os indicadores pressionam as têmporas,
ao invés de reduzir, abrem uma foz sobre a outra.
— Chamem o mestre dos torniquetes.
Tem sido um *tour de force*, desde a queima dos chapéus,
                    mas nada se revela.
Tubos negros para a comunicação do futuro.
Operários azuis.
A decadência do bar ben hur.
Nada importa, se um homem faz oitenta anos,
tudo importa ao meu pai sem idade.
Vazias, não há que esperar das cabeças uma leitura razoável
do desastre.

INÉDITOS

ODE À FAMILIA

ELEGIA

É lícito olhar além do círculo que hipnotiza.
Símbolos, sob o pretexto de nos içar da mesma
origem, vetam o direito ao enigma. Nesse tempo,
outra vez de cinismo, acordo sem nenhuma fé,
embora sinta a comoção dos reféns.
Foi um erro não prevermos a queda, nem era
preciso interrogar as nuvens
ou fustigar o totem para ouvir o animal sagrado.
Foi um grave erro — em que noite tal
frase eclodiu, inverno na primavera? — um erro
ser humano entre quem se diz — mas não é.

GROOVE

Pássaros — pontos negros na paisagem revelam
minha sombra à distância. Tem sido assim
desde que tomei por alvo a realidade. Muitos são
competentes ao capturá-la, sinto o calor da faca
quando leio suas imagens. Apreendem o ilíaco, a ruína
a sangue-frio. Antes que alguém execute ou pereça
(tem sido assim a poucos passos de casa)
reconheço o mecanismo que acelera e trava essa espiral:
penso desarmá-la como altero as horas no relógio. Pontos
negros mudam a paisagem e me fazem soar os caniços.

RENASCENÇA

O horizonte viajou a Igbo estendido sob um arco.
A noite é outra. A casa circular flutua, mulheres riem
às flores, há lagos de esperança e jardins munidos
de passaportes. A elasticidade do céu. A terra ganha
seus barcos. O ibiri gerou uma sombra no deserto,
a lua abriu o índex, as árvores saíram do túmulo.
Estou de pé, com asco dos uniformes, pensando atrasar
o relógio infalível dos corpos. Há tudo para todos,
Ninguém. E os mortos do Cabula, da Líbia, dos Estados
Unidos acolhidos em meus nervos? Nyangas do Atlântico,
néctar do reencontro, Vida — pousada entre o golpe
e o sonho. A morte fome de acusação, claro magma.

CLUBE

Uma voz enredada a outras, que disse tanto, o que
tem a dizer agora sob as câmeras de nossos olhos?
A voz é pequena? grande? tem a inclinação humana.
Irmana mas, separados pelos cantos do mundo,
silenciamos. Podem agredi-la à porta do hospital?
Ou dar-lhe o prêmio que é nosso: um coração?
— O exílio é uma condição de vida, quase uma escrita
— escutamos. Uma fuga em motocicleta até a outra
margem do rio. Exilar-se é, talvez, olhar para trás
e dizer — isso é um sabático de guerra. — Essa é a voz
que tira nossos ouvidos do equilíbrio.

FLUXO

Retornar à casa paterna, vinte anos depois, não é um regresso: céu, árvores, nada do que enraizou é franco. São outras as heras, mal reconheces o pacto de perdas. O que levou a casa ao precipício vale para teu país: um peixe à caça da isca, uma cabeça indigna que se abaixa. O corpo da alegria hesita ante os violentos — são tantos, sob o teto. O corpo pensa, insiste em denunciá-los, eles têm culpa, recebem visitas em piscinas suspensas — o corpo retrai ante essa forma disforme protegida pela licença de aniquilar. São tantos — sob o teto em que mulheres cuidam de seus livros e arbítrios. São turvos, aninhados sob a guerra. A luz do outono não constrange o ódio. Um dos teus amigos reconheceu as mãos do pai em si — editou um livro — o queixo e a orelha revelaram sua própria figura. Isso é um código, sem dúvida, que contém o signo de uma floresta inteira. Tens a hélice distraída, um velho plano de voo, não é preciso juntar o leste ao oeste do corpo — há esse código que estremece a vontade se não lutas. Porém, o rio arde, o tato excita a fibra, a boca suga na véspera o demônio debruçado na janela. Estamos salvos, se ninguém repete a vida. Mas, e aquela foto em sépia? Na praia o afogamento não foi interrompido. Quem sobreviveu à triste manhã, foi-se. Há revolta nas ruas, gritos, lírios enfim despertos, muros que gestam a revanche. — No país de hoje e de sempre é difícil escrever sem disparar ou ser atingido por um tiro. Vive-se — coração sobressaltado — sob um escudo. Um sinal surpreende quem deveria antecipar-se ao seu destino, um cheiro de ferrugem e grãos dispersa o sono : segue-se a estrela, um raio expande seu curso sobre os lajedos. Nada disso recupera a comunhão, que jamais houve. Em tudo o incômodo, a paz, talvez, de um corpo que se pensa sobre a areia.

L'HARMATTAN

FEVEREIRO 1995 saúdo o casal senegalês no aeroporto de TORONTO, ainda não sinto a sucessão de encontros que nos aguarda na ÁFRICA-MUNDO — fosse SÃO PAULO — salue, mon frère, vous regardez le feu? — ROMA — vous avez une copain? — BUENOS AIRES — au borde de mon pays la fièvre — NEW YORK — nous sommes les homeless — MILANO — la policie avance sur les corps — GENÈVE — il'y a une autre histoire sur les voyages — LIMA — vous reconnaitres votres visages? — LISBOA — vous habitez a SÃO PAULO? — FOSSE ONDE A NOITE se recolhesse, ali onde a fome esgrima, haveria o que nos dizermos.

Quem sabe a odisseia se senta à nossa mesa e estende os braços à crina dos lamantins?

JAM SESSION

Homens à beira do abismo, na falta do diálogo,
enviam sinais indecifráveis. Falam águas-vivas.
Mortificam-se.
    NÃO
      os homens
certos homens cavam o abismo, incineram em
sua profissão de fé a pérola e o oceano. Com a
palavra enviam a virilha ao exílio. De todos, são
os piores, sucateiam a alegria, não são humanos.
    SIM
o arco-íris cobre o centro e a beira da praça. Sob
ele cabem turistas e quem buscando um país não
sabe o norte de si. Estendo as mãos e sinto a rosa
decifrada no asfalto. Uma frágil rede nos anima,
acolhe em berço uma a uma essas vidas, cultiva
o sal e a música   entre as ranhuras
    SIM
ao som do exilado, à noite festival. Sob a tenda,
os pés gelam, a luz vermelha traz um estampido
de longe. A neve cai. O trompete sobe à altura
dos edifícios e sufocando o grito nos parecemos
todos — um policial encosta os ombros no som.
Seria bom se fosse sempre isso, nenhum aperto,
intenso o ritmo, uma nota chamando pela outra
e o mergulho entre os corpos   querendo-se.

O CHÃO DO OPERÁRIO

Sete horas da manhã estamos perfilados — há
um combate, explica o diretor — entre o ócio
e a força motriz. Adiamos a vida que explode
irregular e suja   — há um conflito à vista —
temos a cabeça entre as nuvens nesse horário
protocolar — das sete e cinco às nove e trinta
eixos pinos e parafusos eclodem quase frutos
da mesma ordem absoluta — travar na placa,
fazer o furo de centro, desbastar até o miolo.

Tudo justo sangrar sem a euforia dos répteis.

Um trem atravessa cor de leite a mesa verde
com raquetes pretas
        dez cometas avisam
        lá não existe um centro
        & a lua vermelha
        aderna sobre os cabelos
A mesa preta servida ao som das raquetes
acelera o trem
        verde água marinha
        tudo é incerto
        não há planilhas
        nem *experts*
Os olhos mergulham
num céu lácteo de países breves

Há o combate, explica o diretor, entre o ócio
e a força matriz   polias
eixos pinos parafusos eclodem quase frutos
da mesma ordem absoluta — travar na placa
fazer o furo de centro desbastar até o miolo

Porém sobre os cabelos e sobre a vida além
do óleo entranhado nas narinas quem havia
de falar
            a não ser o mais quieto que tirou de
si uma peça (ou flor) chamada excêntrico.

FIORDE

Os dias nos desamparam — legados seus, corpos pousam
à nossa cabeceira. Não repousam. Colhidos à jusante de
uma usina ou pelo furor de um ciclone se amontoam sem
nomes no subsolo. Somos a obscura máquina de cavar,
há pouco o derretimento da neve no Everest nos devolve
os despojos de tantos que falharam em seu intento.
Escalamos a lateral de um barco que turva o cio dos ricos:
outra dezena de corpos submersos imprimem na água
o gesto nenhum. Quero iniciar um novo livro, o mundo
não me permite, volto-me às sempre-vivas e a negativa
persiste. De que valem, agora que estão mortos,
o afago, a insana chave da caixa de primeiros socorros?
Nada-se para aumentar a área de atrito. Névoa corpos —
tocá-los revela o engano, já não se parecem com a noiva
da fotografia, tudo moldou-se à força rinoceronte que há
nos crimes. Indefesos diante da língua, sucumbem à farsa
dos jornais diários. Socorristas nadam na lama imensos
minúsculos à procura de um hálito que contradiga o peso
dessa hora. Acusemos quem suturou a manhã.
Os desamparados têm os seus dias. Nos acerquemos uns
dos outros — nenhuma moradia está isenta de risco —
antes que a onda subtraia nossos cílios. Sobre aqueles
reduzidos a notícias, a tragédia recusa o que lhe damos.

STRANGER IN THE VILLAGE

ÁGUA-VIVA

Os jornais anunciam que um bloco de pedra desceu sobre a cascata de Rovio, é preciso checar a notícia porque não se trata de um acidente óbvio. Subindo a encosta, em direção ao centro velho, vê-se naquilo que não vemos um desastre que muda o planeta. Sob nossos pés, acima de nossa cabeça, outra ordem interroga por que habitamos o lado desumano da natureza. Estátuas nos largos, placas de inauguração nas estações, hinos à frente dos ditadores — de que valem se no subterrâneo trabalham os líquens e nós, inertes, não entendemos a forma de um melro. Onde esteve o lugar dos mortos tem-se uma fonte e a água crispa a superfície das rochas — bebemos o presente, embora sedentos de outra sede nos curvemos ao passado. No extremo *del paese* uma igreja em prece e força erguida pelos romanos acolhe, ou vigia, o fundo do vale. Não há movimento que escape à vista do templo não frequentado. Aqui tudo é febre, recordação de que em alguma parte uma cerca divide os sonhos — que o diga a esposa húngara nascida ao leste do leste dessa mesma Europa. Os jornais flertam com uma hipótese, a cada movimento de braços entre o arame farpado. Cairá, algum dia, a mão que sustenta o pior dos mundos? Descemos a encosta, no entanto, os encargos da viagem não desceram de nós. Visto desde a menor altura outro rastro anuncia que mal subimos a montanha e caímos. Há quem, para viver, submergiu na água cristalina e durou além do instante.

BASEL

Na fronteira a guerra *non finisce*, por um qualquer
motivo, uma fissura expõe as vítimas na atmosfera. A
guerra termina ao redor, à distância num contrato. *Non
finisce* na fronteira. Quando tudo foi vencido, a cidade
fraturada espreita. Na fronteira diuturna se prepara um
estratagema. Se falhar na hora h, o que importa? A cidade
será ainda — em desafio ao mapa. As idas e as vindas
moldam no ar os corpos e as vozes. Há dentre elas
algumas maiores que a própria história. Vemos nas
vidraças algo que despreza os horários de embarque. Vem
mascarado e eriça uma a uma as vidas sem espelho —
bonjour. Em todas se demora. A bagagem encorpa seu
calendário de neve. Os desabrigados cruzam o Estige por
sua conta e quem se atira sob a plataforma não morre. Há
técnicos à vista para não vermos demais.

   NUNCA se vê a cidade
      que se VÊ
   nunca nos vê a cidade
      que VEEM

Quantas mulheres deixam à terra a lança e o escudo,
deitam-se depois de longa jornada, o corpo ao chão.
Pondo-se à margem, dão-se o descanso de um rio. As
cidades se aquietam, é domingo, não é possível uma trégua,
no entanto. Se é longo o descanso desta — como parece ser
o do país onde se encontra — não o será, nem de longe,
para outra ao telefone sem refúgio. É domingo, duas
mulheres se espreitam e esperam sob a luz do mesmo exílio.
O carrossel lança alegria à sombra, range às crianças e
cumpre no relógio a sua rota. A gente *arriva in treno*
compra-consome o paraíso. O *art-nouveau* da tarde
acelera. A máquina rege suas ferragens. Aos poucos,

enquanto o medo gira gira giroflé, gritamos à infância. O carrossel ferido põe seus nervos em fuga. Alguém arranha o círculo para tocar o melro na pintura. A máquina não cessa de erigir um a um os seus desastres. No parque, a infância joga — com o tempo à beira da primavera, ninguém salta, nem os grilos, por medo de um colapso. A mãe passa azul, cabelo preso, nenhuma pressa. Os pais — fazem de contas — se desesperam com a nuvem. Uma subida da pressão atmosférica traria a chuva, correríamos — entraríamos na água — cederíamos aos gritos. A chuva não chega, a tarde declina exata. O tédio arruína a morte que há na vida.

um cão ladra — ladra até não ser um cão

não é homem e ladra como se fosse um

que nos constrange por ladrar em público

o que nenhum cão ladraria a um ladrão

A placa oleosa sob a ponte — é o rio. Deveria ser líquido ante o corpo que o ocupa para sorver um sol mísero. Nada nos submete à cara sentença, a menos que a vida cobre em dobro desse outro rio sobre a ponte: saltem enquanto o fogo não devora, saltem sem escafandro de suas economias. Do impacto entre as rochas restou a líquida lâmina escurecida que pulsa. O esquecimento permite repouso aos ossos — há neles um ruído de cavernas e a lentidão, agora acelerada, da seiva em direção ao fundo. Descem em fila do ônibus e se movem sob um sol tardio. Mal discernem o trabalho que as lascas impingem ao lajedo — não percebem alguém que em chamas crava de novo as águas contra a rocha. Sobem em fila no ônibus com o resto de um sol que anoitece no para-brisa.

> Nunca nos vê a cidade
> que VEEM
> nunca se vê a cidade
> quase nuvem

Um *foyer* no centro da cidade resume o mundo por aqueles que o habitam. São meus irmãos em cujas noites se levantam cães armados, jamais um amigo, um cão amado no nome de quem o alimenta. Comum a todos, o horror, a máquina, o escrutínio: para alguns a ficha de imediato liberada, para outros, os dados jamais suficientes. Aguardam todos a hora, não importa a chuva que se alonga por dentro — sobre a cabeça o dicionário, entre os dentes uma gastura, objetos lançados, apesar de tudo, à vida. Mortos de alguma maneira, porém, vivos para o desagrado de seus governos, eles vão com um bônus de almoço e outro de transporte. O mundo nesse *foyer* seria um encontro não fosse uma tragédia que o precede. Há os que permanecem nos pequenos quartos, fazem-refazem o que perderam antes, seus filhos serão outros, sua luta, uma luta completa. Mas e aqueles que não retiram de si os piolhos, a polícia — aqueles que enrubescem a noite e a civilização?

NOITE EM RIVA SAN VITALE

Vou James Baldwin por uma praça que é toda a cidade, na Suíça. Vou, James, movido pela necessidade-radar. O que sou é infinito quando, em silêncio, uma cabeça se volta desde o bar. Ela também incendeia o lago, pressinto. É evidente, não estamos na seleção dos melhores nomes. A neve desce a montanha até a rua onde caminho e tranca atrás do vidro quem observa, observo. Somos nômades esperando a tempestade passar — embora não haja sinais, temos uma caravana — trazemos um rol de inquietações

— as janelas entreabertas são pernas e a qualquer momento as pedras vão rolar. Vou lendo Cherry B & B, único hotel que não despreza o cisne essa noite. Os demais, sem pena, empurram para o abandono. O Cherry B & B é o desastre, entendem? Algo pode acontecer — numeroso, o coração despede o oceano e se enovela, em segundos, a qualquer desarme humano. Nos olhamos, quando iremos? mesmo com a fronteira fechada essa noite, nos reconhecemos em outra órbita. O Cherry B & B sinaliza na cidade às escuras onde os escafandristas poderão emergir. O silêncio é um fardo apenas quando — sob outra máscara (B & B James) — informo à imigração qual o ritmo dos meus documentos.

À LUZ DE BELLINZONA

Perdão, não para esses que vendo avançar a sombra fecharam mão no rifle a escotilha do último andar. Não para o ilustrador de livros que ante a morte dos inocentes fez o sorriso no arpão disparado à jubarte. Não para avós, tios e amigos que sabendo a guerra atearam fogo — língua voraz — sobre a folha seca. Perdão, não para compadres e chaves que velando o sangue à mostra, covardes, trancaram a manhã. Não para os homens públicos filiados à rapina. Não, não para a justiça cujos dons foram a leilão. Nunca, perdão jamais para os cúmplices em silêncio que negaram com armas a flor, a paz, o rio. Para os demais, que não perderam a alma, a ciência dos nomes, a vida inteira — e o esquecimento não.

CARTA A MEIO CAMINHO

Abril não é o mais cruel dos meses, nós o somos. O genocídio visto à distância não é visto, ainda que o vento sopre — violento — contra o teu rosto, tens um segundo antes de precipitar-se. Outros, sem a mesma chance, não discutem com suas esposas, não as tornam felizes porque as amam — outros desejariam o vento à beira do lago — riscando com veemência o seu último instante. Nem isso, suas malas florescem ao contrário, com objetos roídos ante as portas do paraíso: *do not cross the railways lines*. Estou menor do que tudo, o rio ao lado de minha casa não parlamenta, deixa-se ir em direção ao lago, que o repele. Uma lista de livros junto a outra de problemas te impediu de permanecer sob a árvore, distraído e atento. Uma lista ultrapassou a outra, no final de abril — ou desde sempre — de modo que não pudeste conversar com tua filha no almoço e sem alternativa embarcaste até a margem. Não queres pensar, exaurido de toda prova, recolhido em tua pele. Os distúrbios das noites. As noites. Os distúrbios como um fruto nas mãos do homem velho. Não há redenção, enganam-se os fiscais que pensam conduzir-nos à próxima estação. O cinza nos trilhos de Arth-Goldau — quisera ter ao alcance uma cimitarra — me lembram a inutilidade dos domingos: o sal fundido à brasa: os comensais: a carne ciumenta do fogo. — Quem se atreve a tirar o cachorro de cima da mesa? Se há redenção, chegamos tarde para enfiarmos os pés na grama, embora a ferpa inflame sob as unhas. O vento rufla — seu melhor agasalho. Queres distância — o genocídio te atravessa — queres uma fruta, o livro do poeta estrangeiro, a alegria de teu filho com as primeiras letras. É pouco o que podes. A superfície do lago encrespa, seus habitantes se refugiam atrás do que foi, alguma vez, um barco — é natural que também queiras essa ilha. No entanto, movediça ela se distancia. Teus pertences não te pertencem, tua pedra em forma de tartaruga regressa à pré-história. O rio ao lado de minha casa se afoga. Talvez o vento seja o capote de que precisamos, um sopro para quem chegou nas cordas.

SONAR

Sob a árvore longeva — em grão resumido,
altura e sexo, tudo o que se escrevera.
Depositou-se aqui, para que não morresse
o estupor ante a injustiça e alguns eixos
do pensamento que por si não se deitaria.
Em meio à praça, sem o chapéu-marquise,
o que se tem é a flora em partilha. Quem
segue ao trabalho obriga-se a cruzar esse
corpo agasalhado em gaze e cortiça
à espera (porque nada pode além disso)
de esquecer o que foi sopro, ácido, carne.
A árvore cresce com as direções. Cabe —
regular e rubra desde um ângulo qualquer —
no bolso de quem passa. Não é, contudo,
o que se busca nessa voltagem do arco.
É o apodrecido, fruto submerso numa casa
álacre. Para alcançar o que excede a raiz
punge-se a pedra, o sol, o mar, tudo o que
não se conforma em ser a própria árvore.

RODA-VIVA

Um carro atravessa o pátio aos golpes,
corpos adoecem o sótão, outros tecem na grade,
traficam-se poemas num país onde o sol
oculta os cadáveres.
Alguém abre túneis ao sul e ao norte,
sem esperança suas mãos esculpem a pélvis.
Na terra de ninguém (tua cabeça), a coragem
atrás dos óculos. Devastam o arco-íris ao gosto
de quem fabrica mortos.
Há um sinal na testa de quem não contesta.
Os atentos estão mudos.
Um mesmo sol alenta o riso contra as sombras
do passado: o futuro. A MEMÓRIA traça o rastro
a que tudo se reduz, vertigem: o azul turva o fogo
de quando éramos humanos.
Carnaval, não importa o país que habitas,
a matéria escura sob o peito rege como um vigia
o mundo. Os vagões torcidos na gare
recordam a oxidação que desfila em tuas fibras.
Não há, em meio à alegria, uma célula
atenta à própria morte, mas e a consciência, essa
agulha que deseja, às vezes, o fundo da caixa?
Mascarados têm humor, o rosto sob a máscara,
nem sempre — a euforia pesa,
a explosão de Ítaca espalhou corpos por todos
os lugares — e mesmo assim a banda toca.

O país que adoece seus felinos não merece figurar
no mapa: nascidos para conter o sopro que passa,
a vida os impede de aceitar o que a torna breve.
É sobre seixos, galáxias, orcas que se trata quando
um rosto se desmascara e obtém algum poder.
Por que não aprender deles o que crava
em nós o alvo dos seres findos? Polvos pulsam,
apesar das grades e seus nomes saqueados,
têm menos sede — se movimentam sob as barbas.
Um país que adoece mata suas árvores não merece
senão afogar-se em seus coldres: o que esperar de
quem tropeça nos calcanhares?
Os vagões no país oxidado arrastam o monstro
pela gare escura — quem pode
embarca a qualquer hora, mas não há viagem
onde um homem justo não se demora no velório
dos seus sonhos. Carnaval — os gêmeos fogem
à estrela da manhã. Onde quer que habites,
o mundo não é a nave que os tiranos lubrificam
em dias nacionais. Sábado — o carnaval — o sol —
os arlequins são corpos — grávidos explosivos.

ESCRITOS NA CASA DO CISNE

O DENTE 37

No tempo em que estamos mortos, não há beleza
: helicópteros são pássaros.
Nesse tempo há, e não se poda, um apelo ao que
está sob os escombros
: corpos, ideias — o futuro. Estamos, ainda é esse
o tempo,
mais pobres, ameaçados e mortos. Apesar disso,
não aos juízes
podres — corte-se da foto quem esconde a lâmina
sob nossos poros.

*

Os pombos voltaram a fazer o ninho no telhado.
A dor nos pés sobe à altura de tua exasperação
: afinal, pagamos pelo serviço
e garantiram que, uma vez vedado, nem
sombra passaria pelo teto.
A manhã trouxe o ninho.
Arisco quintal da infância. Mais alegria lá que
às portas da GM-exploração & Company.
Deveríamos recorrer ao veneno, insistes.
Talvez, talvez. E o que faríamos depois com
a segunda-feira severa?

*

Por medo, abolimos a dúvida e portamos a última
   bandeira (nesse que é, outra vez, um tempo de
   hastes e cutelos).
Deixamos a culpa à mostra e, adulando-a, nos
   sentimos perdoados.
Uma guerra é travada nas bocas, os argumentos e
   as armas chegam de instrutores alojados na
   base do cérebro.
— Quando tomaremos de assalto nossas cabeças?

ALICE

Pela queda de um fruto, sabemos — houve um golpe.
   Sobre as sementes e a casca,
   o apodrecimento avança no ritmo de mãos aos
   cofres.
Quem deveria apanhá-lo, se adapta a novas funções.
   Trair,
   esse verbo envergonhado, que age pelas costas,
   tem finalmente sua cadeira.
Ao levantar-se, percebe os parceiros em roupas de
   percevejos:
   parecem ainda mais despidos — de honra — ao
   morderem a vida alheia.
Tudo soa bem — para isso, se empurrou à merda
   o país: afinal, não há por aqui nenhum fruto
   em desatino.
Mas nada está bem, vê-se pela cauda que o velho
   monstro não consegue esconder.
Na esquina, amparado a um poste, o livreiro insiste.
   Não há nada que o impeça, nem o apelo de
   apodrecer ao sol.

Está sentido e puto, desencantado, o meu amigo.
    Com o acervo entregue aos credores,
    o que fazer?
    Das ideias em tempo de suicídio?

HAMELIN

Os homens da lei passeiam a praça coberta de folhas.
    As amarelas rendidas ao outono.
Os homens da lei saíram do ovo e vigiam por vigiar.
    Passeiam, dizem os homens da lei fora da lei.
Sem que fossem convocados, os homens do sistema L
    desligam as comunicações e velam suas calvas.
Crianças saem a seus pais obtusos: retratos de família
    contra o futuro. Os homens leais aplaudem,
    homens de bem
    com a toga entre as pernas — atrás deles um pugilato
    entre compadres.
A certa hora, os homens da lei sem lei se enfurnam nos
    buracos. Lá fora, longe de suas indecências,
    uma pedra rebelde se atira à vidraça, alguém esparge
    veneno pelos encanamentos.

REVISTA

A mão do Estado vasculha o interior das roupas, mas
    desejaria alcançar o corpo.
Sim, virou revirou os bolsos e os nichos dentro deles.
    Fez a volta aos botões,
    mas desejaria fazê-la ao umbigo.
Segundo o protocolo, para intimar a intimidade ao
    distrito sem, no entanto,
    violar aquilo que está violando.

A mão que precisa ser cortada vinga em estados de
 exceção. Serve-se da pele
que investiga,
 busca nela a ideologia de sua ação.
Considera-se absolvida a mão do Estado. Se estivesse
 absorta na generosidade do corpo, talvez não o
 matasse,

a suicida.

FLORESTA

O título que recebeste não mudou tua vida, mas o café
 que pagas a um anônimo é um começo.
 Mal terminada a semana, os grous arrancam-te o
 sonho, que imaginavas justo.
Te chamaram à diretoria cientes de que não reagirias. Se
 o fizesses, colocarias em risco aqueles que
 oferecem suas cabeças à lâmina.
 (E eles apreciam isso.)
Demoraste a perceber a solidão de teu gesto: à tua volta
 ninguém se deu conta da voz que roubara a calma
 à manhã
 — por favor, antes que nos capturem precisamos
 explodir suas estações.
À volta ninguém percebeu os séculos de perseguição,
 (os cães treinados a varar a noite),
 mas tiveste o tino de amarrar ao corpo esse artefato
 que levas à sala da diretoria.

NOTURNO

Se os poetas a temeram no passado — um por
    imaginá-la indo à morte por tocar a esfera
e outro por intuí-la no calor da cidade
    estranha
    — por que não exibiria o horror nas pupilas
    o recém-chegado?
Um pardal furioso desce sobre os farelos. Ao
    seu impacto, o menino cresce. Logo os
    pombos lutam pelos restos.
    A infância se enerva.
Uma boca derrama os seus amaros signos. Não
    é a bruxa
    o morcego não é
    e nos perturba.
A boca que rediz não sutura os pássaros. O seu
    guia é contrário à paz das almas.

PASTORAL

I

Aliciantes empreendedores da salvação tiram-me
    a vontade de ter fé.
Vendem vagas, café da manhã e *pretzel* incluídos
    — e mais, o direito ao céu.
A sorte de abandonar o ego e o emprego — poucos
    a têm.
    "Estamos órfãos", vociferam à entrada do hotel.
    [bu]
As línguas mudas denunciam a ilusão e o paraíso.

*

A manhã reage movida a rímel   — dá-lhe tu,
        que acelera os rins.
Doemos tudo pelo tiro que atravessa o livro e, se
    calhar, os cílios.
Temos visto demais para não sabermos ver : ali
    a praia, o rochedo, a Urca,
        um recado, o que escrevo — guia em voo cego.

*

Elegante, nesses dias, só o martelo — anterior a ele
    o gesto.
Depois a cinza sobre o cinza, um muro de defeitos
        destruído — aquele capítulo,
inclusive, a que o mundo parecia reduzido.

II

"As impotências da empresa" — pondera o jovem
    ao lado — "como escondê-las?"
    Melhor falar delas — não
como um pênis amolecido, isso constrange.
"O pior é o fim do ano sem *resort*".

*

"Isso é o teu ponto de vista" — interrompe a jovem
    à frente.
    "Mas não
esqueças" — retruca o gerente — "esse é o teu
emprego. Não reveles que
a empresa

não penetra
   o coração do mercado."
Ah, eu desejaria dizer-lhes: salvem-se demitam-se
   metam-se
   com o nariz no infortúnio — vão gozar o céu
   lá fora.
"A impotência" — reza o gerente — "oferece um
   prêmio aos destaques do mês."
Não me arriscaria a dizer-lhes — rebelem-se — Não
   é isso o que esperam
   — esses da mesa ao lado, pelo menos.
Expulso da gramática que fossilizaram, caio na
   vida, nas mãos um petardo elevado à décima
   potência.

III

Uma qualquer partida de um qualquer esporte no
   vídeo.
   Videntes prognosticaram a saga do novo herói.
O velho que há no heroísmo se esforça por atrair a
   ATENÇÃO
   o dia é dos fracassados
   : diante do vídeo, seus dedos enforcam o tenro
   cigarro
   : a fumaça exala da xícara, um frio intimida
   a velocidade.
O herói estremece no gramado, levam-no para a
   sala de recuperação.
   Levantam-se os protestos.
Não há oxigênio para os fracassados que assistem
   a invasão das moscas.
A sala se estreita, voos rasantes tingem o céu
   de chumbo,

o herói esconde o rosto.
Nessa manhã, deus tem as barbas horríveis e a pele
falsa de suas palavras.

IV

Afinal, não foi tão indigesto. O monstro, em postas,
nos levou de volta aos dias de obrigações.
A primeira: tirar proveito do imolado.
A ferocidade acordou dentro de nós. O que esperar
senão a aderência — tão nossa —
à pulsão de morte.
Não foi complicado. Queríamos o reconhecimento
da obscenidade,
mas ela pertencia ao monstro.
Agora somos irmãos, eriçamos a violência a ponto
de constrangê-lo.

V

Uma farsa de verdade vale mais do que a verdade
— isso não depende de quem leva a máscara
nem do sol a pino.
Não depende do aceno que um varredor de rua
aguarda
nem das férias que a formiga concede à cigarra.
Não depende do abraço que ensaiamos para algum
aniversário.
Não depende de boa vontade.
A farsa verdadeira toma lugar à mesa, vacina-se
com o asco
que tens de teu semelhante.

É dela o cetim que roças mas, *Impróprios* — dizes,
 são os outros. A farsa verdadeira
  não mente
: onde iludes Amém, ela sentencia — mercado.

FLORESTA ÁCIDA

Dia após dia os *cormorani* vestem o mesmo terno, sobem como estátuas aos seus escritórios — quase distintos. Deixaram de ser pássaros em nome de outra forma de lucro. Se antes cada mergulho valia um peixe, agora nem é preciso arriscar-se para exaurir o lago, basta abrir a boca e sugar o sal do alimento alheio. Os *cormorani* têm a própria marca e a oferecem aos segmentos do mercado — a garantia de sua eficácia está radicada no tempo: veja-se o declínio, o furto & os derivados que proliferam no submundo das heranças. Os *cormorani* aprovaram leis de proteção às suas atividades, tudo o que está ao seu alcance é capturado e, ainda que ilícito, votarão um prêmio para quem furtar mais benefícios.
[...]
Os *cormorani* — pássaros protegidos na Lituânia, por lei, defecam na copa dos pinheiros, suas fezes ácidas criaram florestas fantasmas que atraem os turistas.
[...]
Os *cormorani* que deixaram de ser aves se protegem, há muito rapinam as almas. Do alto dos edifícios, defecam a rispidez dos rifles — tendo ou não um alvo, disparam líquidos ácidos sobre os transeuntes, os carros e a luz da manhã — ao vivo nos telejornais, defecam — no discurso, na oração defecam celerados os seus crimes. No baile à fantasia sequestraram a canção — *wonderful world* cheira a napalm. Eles são a morte sob penas jovens, burlam

cofres, não veem a janela do caos. Flertam rezam os *cormorani* defecam sobre suas casas na praia — deixaram de sonhar e executam os lírios do campo. Avessos à filosofia, não distinguem barreiras de corais de barreiras comerciais, mas se realizam ao constatarem que seus intestinos funcionam.
[...]
O musgo afetado pela fúria dos *cormorani* ameaça reagir. A lei que protegeria a todos degenerou, sua balança equilibra cadáveres.

DE VOLTA AO SOL

O manto tupinambá ganho comprado furtado, quem saberá? — sabemos, é um ninho preso às paredes de outro continente. Depois de séculos, apesar do vidro que lhes tira o oxigênio, o vermelho sangue do guará e o azul oceano da araruna segredam algo que excede o museu nacional de Copenhague. Todo algodão e envira, o manto tem a dimensão da mata — vale pagar o ingresso para ver o vidro, jamais o espírito que incendeia o egoísmo do alarme? O manto rol de esferas arde de tanta memória. Seu lugar não é aqui, será, quem sabe? no limo que molda todos os corpos. Imagine se insuflado no ar rarefeito o manto se abrisse. Que tese posta à mesa explicaria os mortos, vivos enfim, em resposta ao rapto das almas? O manto quer voar para casa. A morte de seus filhos torna inútil sua permanência. É preciso que ele se perca para acusar os assassinos. Ante essa inominável memória algo será reiniciado — a raiz do que já não é árvore, mas frutifica — o rugido do que não é onça, mas afia as garras — a umidade do que não é chuva, mas afoga a mão criminosa. Exilado num continente onde avós, para irem ao cinema, colam os netos à sombra, o manto reflete sua natureza — ágil urna em território de neve. Ao redor do vidro, línguas tecem em silêncio por respeito ou desprezo, não sei — sabemos. Entre aqueles que fiaram o manto, um canto se alonga alheio ao seu sequestro. Sobre a terra desolada um pássaro voa. Num filme etnográfico chama os culpados pelo nome. Haverá, diante disso, ossos suficientes para serem atirados contra vidro? O manto tupinambá é um ninho na escuridão do mundo — respira num oceano de espelhos a sua ira.

CITTÀ LABIRINTO

I. GENOVA NERVI

As crianças deveriam nos odiar nessa tarde de sol. Para elas, o tempo é de nenhum compromisso — tudo o que as chama tem o valor de um cedro incendiado: com ele se poderia jogar. Sem saber que nessa idade há mudança e não adiamento, as crianças nos acompanham, enquanto seguimos o poeta e sua esposa pelo jardim de rosas. Alguma grécia persiste entre os canteiros. O mar à frente, arranhado de embarcações, não adia a muda de morte cravada nas pedras. Lemos numa placa que à beira desse penedo caminhou Tsvetáieva: poetas respiram, ainda que ausentes, nos adverte a via tectônica. Não somos apenas galhos ao vento, empurrados na direção da ferrugem. Queríamos avançar até o fim da tarde, porém, as crianças foram e voltaram, tirando de nós qualquer vontade para a surpresa. Será esse o combate? antes de desaparecermos alguém nos diz o que havia antes e depois, o sul e o norte? As ondas escavam aos pés da cidade mas, nessa passagem, esquecidos das fotografias, também vamos e voltamos, mãos acesas, surpreendidos por nós mesmos.

II. HOTEL HELVETIA

O rigor do nome — helvetia fora da Helvetia — cede ante os ruídos. Haverá alegria em ser estrangeiro se partir ou ficar for uma escolha, não uma ordem. Às vezes, ser feliz é uma forma de autodefesa. Nas fissuras do hotel tais confissões permanecem à espera dos leitores de fósseis. Não durmo sabendo que desde 1585 outros corpos se enovelaram nesse útero transformado em cartão postal. Um tremor no papel de parede — algo se infiltra sob os lençóis. Acendo a luz, nenhum hóspede atravessa o corredor. Há leis que impedem fumar, mas sinto a fusão das partículas e a tosse. No café da manhã, talvez me perguntem algo, talvez não. Entre saídas e entradas, a vida pouco se diferencia de outros acontecimentos. Não se engane, em alguma parte da cidade alguém escreveu no muro, indignado, *Il cielo non funziona: e allora aggiustatelo*. Diante da palavra cravada na pedra, alguns aceitam o desafio, eu me recuso. Caiam os andaimes, os líderes infames, turve o sol, a terra pereça, ninguém precisa de mapa para se perder. Das pessoas que não reencontrarei ficam o mar, a nuvem alta, as coisas largas. Os alfabetos conspiram para errarmos nossos nomes, cada um leva seu iceberg e sua palmeira, algum deus apto a gerar uma guerra. Também por isso nos reconhecemos, párias sem a carapaça, expostos a uma grave interrupção da viagem.

III. BUCO NERO

Entre o Palazzo Ducale e a estação ferroviária, todos os becos conduzem ao porto — basta que se deixe adernar o coração. O porto é o ponto final dos becos, mas não a conclusão da frase. Não existe ninguém que seja dessa cidade, ouço a voz vermelha de Giorgio, dez minutos depois de nos conhecermos. Tudo é deserto, insiste, mudaram o porto, os trabalhadores deixaram de gastar nas cantinas. As famílias grandes pilharam os nascedouros e cobram pela água das torneiras. Não adianta dizer-lhe que o basilisco no *acquario* é tão enigmático quanto nas florestas tropicais e que os lamantins do Caribe nadam à velocidade de um poema de Senghor. Giorgio ama dizer que não ama as paredes inclinadas, nem o vento multiplicado em setas pelos canais secos — mas tudo isso e as crianças do bairro de imigrantes o impedem de partir — quase um milagre nessa cidade onde as malas sonham pelas ruas. Há sobre as portas endurecidas cinquenta incisões de São Jorge em luta contra o dragão. Giorgio, no entanto, se aposentou, não quer outra vida senão essa, em sombras nos becos. Talvez viaje quando uma voz marroquina saindo do palude muda o *axis mundi*.

IV. SPIANATA CASTELLETTO

A comunhão (que jamais houve) nos impele a comer e a beber esquecidos da fronteira a algumas horas de casa. Um saque ocorre no país vizinho e o saldo, ao final da noite, apagará os menos favorecidos. Temos sido incapazes de atos que alterem a direção dos acontecimentos: o que se precipita é sujo, nervoso. Aqui o mar e o bosque se impuseram ao cheiro dos corpos. Houve sede, comenta o anfitrião, embora nem todos os rios congelem no inverno. O que a guerra faz com a natureza se exaspera, enquanto estende o braço e não alcança uma nêspera. Dizem que no outono as folhas exalam um perfume cheio de culpa. O fato de estarmos bem agora não afasta a multidão de erros nem alivia o fardo de nossas costas. Tortura-se a juros hoje ontem em qualquer parte e não podemos, apesar disso, desistir do sono ou do sonho. O mal está sob a pele, ao rés do que somos — reunido em conchas num colar materno, tem, às vezes, a boa intenção da enxada que o pai finca na terra. Se vou à estante e retiro um livro, se vais à feira e escolhes um fruto, também matas, somos terríveis. Desde o terraço, cidade e porto não se apartam. Descendo as escadas, nos lembrarmos de Giorgio Caproni e do instante em que afronta a mistificação da palavra: tudo é em si, a pedra sem exagero, o corte. Descemos os últimos degraus em direção ao centro, uma rua de bancos, em seguida um cheiro a salsugem. O vento arranha os telhados, as janelas se fecham e o vômito de algum viajante se incorpora à estátua de colombo, ao pensamento, à paisagem.

CANÍCULA

Lá fora é um jogo de montar, penso, desde que deixei de acreditar na realidade. Refazê-la é um modo de expor o olho do armador e também a condição para que meus pares, defendidos do risco das grandes lutas, me dirijam seus elogios. A certa hora, quem separou o fio da navalha hesita em erguer pontes: amenizam o exílio, mas através delas os violentos atingem nossa consciência. O que me dizem, meus semelhantes? empenhados em secar o oceano. Estiveram comigo na boca do lobo, por que se esqueceram da trilha que nos levou salvos à clareira? Não é justo fazer tantas perguntas no início do verão, afinal, um leve óleo sobre a pele nos transporta além da orla. O tempo não é dos melhores, tudo vai se perder. A mãe que adotou um órfão etíope tem alucinações, as ampolas com os medicamentos formam um laço ao seu redor. Quem salvará quem? O farmacêutico tem a resposta mas se recusa a compartilhá-la. A fila à porta do seu negócio me diz que só é possível enlouquecer aos poucos. Operários encaixam as peças na obra — plantam no deserto e, mesmo habitada, a casa não estará completa. Alguém despedaça o pulso dentro de mim — antes que a perca, sua sombra se debruça à mesa. Cercas crescem em altura e extensão, é cada vez mais difícil alçar os filhos acima do arame. Aqueles que o conseguem não descansam: há sempre um outro muro à espreita da esperança. Seus dentes assustam os corpos sem armadura. Alguém recebe uma carta de amigos que esperam salvá-lo do seu próprio país. É digno de confiança, afirmam, omitindo que assalta a linguagem ao traduzir em boa vontade o sangue acumulado. Encerradas, as guerras prosseguem, quartos se estreitam, viaturas atropelam as pernas. Crianças retornam à escola e sobre o quadro a mão hesita: algo não pode ser revelado, algo precisa ser dito, onde a inteligência para extrair os dentes do monstro — e sobreviver? O lúcido momento antes de se dissolver prendeu a lâmina numa grua. Quando ela cair, rasgará nossos olhos. Um grupo num barco inflável enfrenta a passagem do ódio ao repúdio, me desespera seu desespero, o que resta deles é um canto saído das explosões. Posso escrever que a névoa nos redime, contudo, mal tiro do dicionário a ríspida alegria. Uma draga me suga em meio aos detritos, após a tempestade. Era verão, alguns corpos se distraíram, outros se destroçaram. No instante em que penso neles, me esforço para refazer o jogo e descansar, quem sabe, à sombra real de uma árvore.

IGNIÇÃO

Duas pombas lutam pelo osso de outra ave, o ramo
de amora não ultrapassa o muro, os frutos apodrecem
e o tempo selvagem ainda nem começou.
Furtaram os viajantes, a viagem permanece, nossas ideias
e coração se conectam acima dos prédios e do grande
vale. Porém, é mais do que isso o que precisamos.
Durante a restauração do hotel um cofre foi descoberto,
derrubou-se o andar inteiro para abri-lo, o que havia dentro
expõe a ignorância de agora. Convencidos de que não
circulam sinais de guerra, negamos a inteligência
das árvores e nos comunicamos na linguagem de quem
nos odeia. Aos perigos da vida somam-se a abordagem
feita por um policial a um homem negro, a queda
de uma barragem sobre o sono, a autodetonação de um
jovem no mercado. O perigo à luz de uma nêspera
não altera nosso impulso: é de morte a morte que nele vige.
Uma palmeira cresceu durante o ano em que estiveste
de viagem — o vento, voz escura, atravessa tua pele,
não há gesto que recupere a outra imagem de ti.
Ao limpares a borda de um espelho, observas no rosto
uma veia alta. Tudo já foi claro e recusavas o espelho,
previsível lugar para quem quer morrer de si mesmo.
A borda de metal recupera o tom em ocre, mas teu rosto
afunda num enigma. Esse perigo à luz que espera nos
surpreende: é de vida a vida ameaçada. O ponto de ignição
está por um fio, quando seremos lançados ao estrume

ou às estrelas? Eu numerei os pólipos, tu desceste onde medram as heras, não levaremos às costas as secreções desse momento. Ainda temos o ângulo que a luz e a sombra projetam na varanda. O sol incide. A lua decide.
Não pertencemos à horda bem-sucedida, erramos a porta com senha pessoal — não fizemos o caminho de Einselden nem pusemos, como em outro século, a mão sob o cutelo. Pode ser que nos explodam para ver o que há aqui dentro.

NOTAS

"O que danças?"
"As crenças mitológicas e religiosas dos bosquímanos são também intimamente ligadas às danças; quando algum indivíduo ignora um mito, ele diz: *Eu não danço esta dança*, querendo afirmar assim que não pertence à corporação que conserva aquela tradição particular" (em Nina Rodrigues, *Os africanos no Brasil*, 4ª ed., São Paulo/Brasília, Companhia Editora Nacional/INL, 1976, p. 177). Dentre as histórias correntes no oeste da África, destacam-se os ciclos de animais. Nestes, os mais fracos, através da astúcia, superam os mais fortes. Por vezes, a crítica social permeia essas narrativas. As partes 2, 3 e 4 deste poema aludem, com as possíveis variações, às *performances* da hiena (os dentes), do antílope (sem fôlego) e da lebre (a guinada).

"Cemitério marinho"
Cena 6: vista, também, por Charles Brand, ao visitar o mercado do Valongo, no Rio de Janeiro, por volta de 1827: "A primeira loja de carnes em que entramos continha cerca de trezentas crianças, de ambos os sexos; o mais velho poderia ter doze ou treze anos e o mais novo, não mais de seis ou sete anos" (*Journal of a voyage to Peru...*, Londres, 1828, em Mary C. Karasch, *A vida dos escravos no Rio de Janeiro, 1808-1850*, trad. Pedro Maia Soares, São Paulo, Companhia das Letras, 2000, p. 76).

Cena 7: visita ao campo precário que, entre 1722 e 1830, acolheu os africanos escravizados e mortos antes de sua chegada ao Rio de Janeiro (ver Júlio César M. da Silva Pereira, "Os pretos novos que não chegaram a velhos", revista *Nossa História*, Rio de Janeiro, Vera Cruz, ano 3, nº 33, julho de 2006, pp. 74-5).

"Três tigres"
Miguel das Lages: ancestral da Família Siqueira, da comunidade de Mato do Tição, localizada em Jaboticatubas, MG (ver Núbia Pereira de Magalhães Gomes e Edimilson de Almeida Pereira, *Mundo encaixado: sig-*

nificação da cultura popular, Belo Horizonte, Mazza, 1992, ensaio "Isolados negros, desolados remanescentes"). Esteban Montejo: autor-testemunho-personagem do livro de Miguel Barnet, *Memórias de um cimarrón* (São Paulo, Marco Zero, 1986). Candelario Navarro: personagem do romance *Canto de sirena*, de Gregorio Martínez.

"Homeless": parte *Linguae*
Vissungos XX ("eu memo é cariocanga") e L ("ombera, tutimba") (em Aires da Mata Machado, *O negro e o garimpo em Minas Gerais*, Belo Horizonte/São Paulo, Itatiaia/Edusp, 1985, pp. 80 e 89).

"Duelo" (em *Lugares ares: obra poética 2*, 2003) traduzido ao inglês por John Keene, Northwestern University, 2005: "Circulo o corpo/ sem nome.// Os vidros brilham,/ nada sei, nada capto.// Mas é silêncio,/ oferecido, o ringue".

"Trabalho para ter boa memória" e "Receita para evitar sangue e pesadelos" (em Pierre Fatumbi Verger, *Ewé: o uso das plantas na sociedade iorubá*, São Paulo, Companhia das Letras, 1995, pp. 376-7 e 238-9 — Àtòri (*Glyphaea brevis* [Spreng.] Monach. Tiliaceae; Légun kúrò, *Psorospermum febrifugum*, Spach. Hypericaceae).

O verso "When it rains five days and the skies turn dark as night" foi extraído de "Backwater Blues" (Bessie Smith) (em Angela Y. Davis, *Blues Legacies and Black Feminism: Gertrude "Ma" Rainey, Bessie Smith and Billie Holiday*, Nova York, Pantheon Books, 1998, p. 263).

"Homeless", em tradução do poeta Steven White, foi publicado em *Callaloo* (Texas A&M University, College Station, Johns Hopkins University Press, Baltimore, vol. 30, n° 2, Spring, 2007, pp. 449-70).

"Blues du chômage"
Legenda da foto de John Liedenberg (Namíbia): "Des hommes, sans qualification d'aucune sorte, à la recherche de n'importe quel petit boulot, dans les rues de Windhoek" (em *Namibia. Ce livre est édité à l'occasion de l'exposition Namibia of Today, 1984-1994*, realisé par le Centre Culturel Franco-Namibien de Windhoek. Cet ouvrage est édité avec le soutien de la Mission Française de Coopération et d'Action Culturelle en Namibie, Ministère Français de la Coopération, Paris, Éditions Revue Noire, décembre 1994, pp. 54-5).

ÍNDICE DOS POEMAS

ESSE CORPO
Tríptico	29
Anúncio	31
Motim	32
Arco	33
Sitiados	34
Contenda	35
Leitura	36
Sebastião, minerador	37
Carta ao irmão	38
Argonautas	40
Quarto	41
Postais	42
São João da Chapada	45
Antenor	46
Três tigres	48
Milho verde	49
Bodas	50
O que danças?	57
Orelha furada	61
O estranho	62

POESIA +
Assentado num livro	69
Primeiras letras	70
Santo Antônio dos Crioulos	71
Serafim disperso	72
Oficial e ofício	73
Instrução do homem pela poesia em seu rigoroso trabalho	74

Não leias como eles	77
Noir	78
Ouriço	79
Boi	80
Onça	81
À faca	82
Economia	83
Angústia voa como garça	84
Eu Raimundo Barbosa de Azevedo deito tarde acordo cedo	85
Como desmontar	88
O,	89
O morcego	90
Sítio	91
Conhecimento de vida	92
O jogo travessia	94
Diário	96
A mão de Carolina	98
O bicho	99
O poeta da mão escassa	100
Pintores	101
Saliva	104
Agonia e sorte de Stela do Patrocínio	105
Brasiliana	106
Blake	108
13	109
+ 1	110

IDEIAS DO MAR

Cena de pesca de Tsoelike	115
Salvador	126
Orfeu	127
Antiode marítima	128
O mar	129
Oitavo dia	131
Barca	132
Marinhas	133
Cemitério marinho	134
Homeless	147

ONDAS DO RÁDIO

Balada do Morro do Morin 163
O bruxo idade zero 165
Blues du chômage 166
Tags 167
Ô, lapassi 169
O passista 172
39 173
Ouro Preto 175
Shaperville 176
Johannesburgo 177
Soweto 178
Rio de Janeiro 179
Músico morando sozinho 180
Signos 181
Caros ouvintes 182
Noturno 183
Camelô e queijo 184
Desemprego 185
Aula 187
Peixes 188

IMPERFEITO CANTAR

Opus 191
Cor 192
Alarde 193
O espírito de época 194
Nos varais 195
Iteques 196
Marcionília, pensadora sem ruínas 197
Ausente 198
Lettera 200
Dia de festa 202
Cartas 203
Encomenda à livraria 206
Certos dias 208
Lapassi 211
Corpo de baile 212
Da falsa moral, do bom coração 215
Ebla 217

PALAVRA-PÊNSIL

Na casa da palavra	221
No bosque	222
Avisos de praça	224
Tempo presente	227
Caderno de retorno	229
Les hommes-bêtes	233
Emissários	236
Princípio	238
Igrejas do Rosário	239
Calunga Lungara	241
Cortejo de Congo	243
Matina	246
Candombe	247
Tambores	248
Família lugar	249
Folia	251
Príncipe Pehul de Futa	253
Sudika Mbambi	254
Obra	255
Cânhamo	256
Inquices	257
Livro da irmandade com as palavras sobre vivas à devoração do monstro esquecimento	259
Conversa de ferreiros	263
O saque	264

CASA-MÚNDI

Melancolia	269
Do presente	270
Narrativa	271
Persona	272
Nova história	273
Jornal da manhã	275
Contato	276
O passado monta o presente	277
Visagens	279
Consciência de classe	283

Ópera	285
Geração	292
Fora de arquivo	293
Gênese	300
Cine Paradiso	301
Náusea	302
As excelentes	303
Uma fruta	305
Confim	306
Códice	307
Claro	308
História antinatural	309
Teares	312
Argumento	313
Eixo	314
Rebojo	315
Útero	318
Cabeceira	321
Peritos	322
Nihil	323

INÉDITOS
Ode à família

Elegia	327
Groove	327
Renascença	328
Clube	328
Fluxo	329
L'Harmattan	331
Jam session	332
O chão do operário	333
Fiorde	335

Stranger in the village

Água-viva	336
Basel	337
Noite em Riva San Vitale	339
À luz de Bellinzona	340
Carta a meio caminho	340
Sonar	342
Roda-viva	343

Escritos na Casa do Cisne
    O dente 37 345
    Alice 346
    Hamelin 347
    Revista 347
    Floresta 348
    Noturno 349
    Pastoral 349
Floresta ácida 354
De volta ao sol 356
Città labirinto
    I. Genova Nervi 357
    II. Hotel Helvetia 357
    III. Buco Nero 358
    IV. Spianata Castelleto 359
Canícula 361
Ignição 363

FONTES DOS POEMAS

Os poemas desta antologia foram extraídos de:

Dormundo (1985): "Anúncio"; "Sitiados"; "Ô, lapassi"; "Do presente"; "Narrativa"; "Contato".

Livro de falas (1987): "O passista"; "Emissários"; "Princípio".

Árvore dos Arturos (1988): "Cortejo de Congo"; "Matina"; "Candombe"; "Tambores"; "Folia".

Kianda (1988): "Príncipe Pehul de Futa"; "Sudika Mbambi"; "Obra"; "Cânhamo".

Ô lapassi & outros ritmos de ouvido (1990): "Salvador"; "Ouro Preto"; "Shaperville"; "Johannesburgo"; "Soweto"; "Rio de Janeiro".

Hipocampo (1991): "Postais"; "O mar"; "Opus"; "Cor"; "As excelentes"; "Confim"; "Códice"; "Claro".

Rebojo (1995): "Sebastião, minerador"; "Conhecimento de vida"; "O jogo travessia"; "Diário"; "Marcionília, pensadora sem ruínas"; "Visagens"; "Rebojo".

O homem da orelha furada (1995): "Orelha furada"; "Instrução do homem pela poesia em seu rigoroso trabalho"; "O bruxo idade zero"; "Na casa da palavra"; "Livro da irmandade com as palavras sobrevivas à devoração do monstro esquecimento".

Nós os Bianos (1996): "Calunga Lungara"; "Família lugar"; "Inquices".

Águas de Contendas (1998): "Contenda"; "Leitura"; "Primeiras letras"; "Santo Antônio dos Crioulos"; "Serafim disperso"; "Oficial e ofício"; "Camelô e queijo"; "Ausente"; "Lapassi"; "Ebla"; "Avisos de praça"; "Tempo presente"; "Igrejas do Rosário"; "Teares".

O velho cose e macera (2002): "Orfeu".

Veludo azul (2002): "Veludo azul"; "Músico morando sozinho"; "Signos"; "Caros ouvintes"; "Desemprego"; "Peixes"; "Dia de festa"; "Cartas".

Sociedade Lira Eletrônica Black Maria (2002): "Assentado num livro"; "Agonia e sorte de Stela do Patrocínio"; "Noturno"; "Aula"; "Nos varais"; "Certos dias"; "Uma fruta"; "História antinatural".

Blanco (2003): "O bicho"; "O poeta da mão escassa"; "Pintores"; "Alarde"; "Lettera"; "Cabeceira".

Iteques (2003): "Arco"; "Quarto"; "Onça"; "À faca"; "Brasiliana"; "Antiode marítima"; "Iteques".

Caderno qvase (2003): "Boi"; "Economia"; "Angústia voa como garça"; "Eu Raimundo Barbosa de Azevedo deito tarde acordo cedo".

Sete selado (2003): "São João da Chapada"; "Três tigres"; "Milho verde"; "Sítio"; "Oitavo dia"; "Barca"; "Marinhas".

Caderno de retorno (2003): "Caderno de retorno".

Homeless (2010): "O que danças?"; "13"; "Cena de pesca de Tsoelike"; "Cemitério marinho"; "Homeless"; "Blues du chômage"; "Tags"; "39"; "Les hommes-bêtes".

Relva (2015): "Relva"; "O estranho"; "Não leias como eles"; "Como desmontar"; "Encomenda à livraria"; "Corpo de baile"; "Da falsa moral, do bom coração"; "No bosque"; "O saque"; "Nova história"; "O passado monta o presente"; "Consciência de classe".

Maginot, o (2015): "Argonautas"; "Bodas"; "Balada do Morro do Morin"; "O espírito de época"; "Conversa de ferreiros"; "Ópera"; "Fora de arquivo".

Guelras (2016): "Tríptico"; "Noir"; "Blake"; "Melancolia"; "Persona"; "Jornal da manhã"; "Guelras"; "Gênese"; "Cine Paradiso"; "Náusea"; "Eixo"; "Útero"; "Peritos"; "Nihil".

E (2017): "A mão de Carolina"; "+1"; "Argumento".

Qvasi (2017): "Motim"; "Antenor"; "Ouriço"; "O,"; "O morcego".

SOBRE O AUTOR

Edimilson de Almeida Pereira nasceu em Juiz de Fora, Minas Gerais, em 18 de julho de 1963. É filho de Iraci de Almeida Pereira (1937-2011), empregada doméstica, costureira e tecelã; e de Geraldo Mendes Pereira (1934), operário na Estrada de Ferro Central do Brasil, em fábricas de tecidos e, mais tarde, tintureiro autônomo. A formação do autor ocorreu em escolas públicas, desde as séries iniciais cursadas, entre 1971-1972, no Grupo Escolar Rui Barbosa, em Petrópolis, Rio de Janeiro. Em virtude da precária situação financeira da família, ingressou, ainda na infância, no mundo do trabalho. Foi entregador de marmitas em fábricas de sua cidade natal, ajudante de serralheria, torneiro mecânico, tintureiro — na pequena lavanderia de propriedade do pai — e professor, tendo cursado Letras na Universidade Federal de Juiz de Fora (UFJF) a partir de 1983.

Nesse mesmo ano, integrou-se ao grupo *Abre Alas/Revista D'Lira*, formado, entre outros, pelos poetas e prosadores José Santos Matos, Fernando Fábio Fiorese Furtado, Iacyr Anderson Freitas, Luís Ruffato, Júlio César Polidoro, Eustáquio Gorgone de Oliveira, Walter Sebastião e Mauro Fonseca; pelo fotógrafo Humberto Nicoline e pelas artistas plásticas Patrícia Borges e Gláucia Faria. Em 1987, iniciou, com Núbia Pereira Gomes, professora de linguística vinculada ao Departamento de Letras da Universidade Federal de Juiz de Fora, uma série de viagens ao interior do estado de Minas Gerais, das quais resultaram, em coautoria e em edições individuais, várias obras sobre culturas populares e afrodescendentes.

Sua carreira acadêmica inclui um mestrado em Literatura Portuguesa pela Universidade Federal do Rio de Janeiro (UFRJ) e outro em Ciência da Religião pela UFJF; doutorado em Comunicação e Cultura pela UFRJ; um pós-doutorado em Literatura Comparada pela Universidade de Zurique, na Suíça, e outro em Estudos Lusófonos pela Sorbonne Université, na França. O autor tem articulado uma obra ensaística e poética de caráter multicultural, na qual se destacam as relações entre diferentes áreas do conhecimento (particularmente a literatura, a história, a antropologia e a sociologia) e a proposição de uma linguagem voltada para as experimentações de forma e conteúdo. Esses aspectos conformam, igualmente, a literatura que o autor escreve destinada aos jovens leitores.

Dentre as distinções conferidas à sua obra, menciona-se, no campo da poesia: Prêmio Concurso Nacional de Literatura Editora UFMG (1988), Prêmio Concurso Nacional de Poesia Helena Kolody (1998), Prêmio Concurso Nacional de Poesia Cidade de Belo Horizonte (1998); na ensaística: Prêmio João Ribeiro, Academia Brasileira de Letras (1994); Prêmio Marc Ferrez, Funarte, em coautoria com o fotógrafo Eustáquio Neves (1994); Prêmio Sílvio Romero, Funarte (2002), Prêmio Concurso Nacional de Literatura Vivaldi Moreira, Academia Mineira de Letras, 2004.

OBRA POÉTICA

Dormundo. Juiz de Fora: D'Lira, 1985.

Livro de falas. Juiz de Fora: Edição do Autor, 1987.

Árvore dos Arturos & outros poemas. Juiz de Fora: D'Lira, 1988.

Corpo imprevisto & Margem dos nomes. Juiz de Fora: D'Lira, 1989.

Ô lapassi & outros ritmos de ouvido. Belo Horizonte: UFMG, 1990.

Corpo vivido: reunião poética. Belo Horizonte/Juiz de Fora: Mazza/D'Lira, 1991.

O homem da orelha furada. Juiz de Fora: D'Lira, 1995.

Rebojo. Juiz de Fora: D'Lira, 1995.

A roda do mundo. Belo Horizonte: Mazza, 1996, com Ricardo Aleixo.

Águas de Contendas. Curitiba: Secretaria de Estado da Cultura, 1998.

Traduzioni/Traduções. Belo Horizonte: Mazza, 1999, com Prisca Agustoni.

Dançar o nome (português/espanhol), CD, com Fernando Fábio Fiorese Furtado e Iacyr Anderson Freitas. Juiz de Fora: Funalfa/EdUFJF, 2000.

Zeosório blues: obra poética 1. Belo Horizonte: Mazza, 2002.

Lugares ares: obra poética 2. Belo Horizonte: Mazza, 2003.

Casa da palavra: obra poética 3. Belo Horizonte: Mazza, 2003.

As coisas arcas: obra poética 4. Belo Horizonte/Juiz de Fora: Mazza/Funalfa, 2003.

Signo cimarrón. Belo Horizonte: Mazza, 2005.

Variaciones de un libro de sirenas. Belo Horizonte: Mazza, 2010.

Homeless. Belo Horizonte: Mazza, 2010.

Maginot, o. Belo Horizonte: Mazza/Sans Chapeau, 2015.

Relva. Belo Horizonte: Mazza/Sans Chapeau, 2015.

Guelras. Belo Horizonte: Mazza/Sans Chapeau, 2016.

E. São Paulo: Patuá, 2017, com Antônio Sérgio Moreira.

Qvasi. São Paulo: Editora 34, 2017.

Caderno de retorno. Salvador: Ogum's Toques Negros, 2017.

Veludo azul. Juiz de Fora: Macondo, 2018.

LITERATURA INFANTIL E INFANTOJUVENIL

Cada bicho um seu canto (poesia). Juiz de Fora: D'Lira, 1998, ilustrações de Hugo Almeida.

O menino de caracóis na cabeça (prosa). Belo Horizonte: Santa Clara, 2001, ilustrações de Osório Garcia; 2ª ed., São Paulo: Paulinas, 2012, ilustrações de Lelis.

Coleção Bilbeli (prosa). Juiz de Fora: Franco Editora, 2001-2003, com Prisca Agustoni.

O primeiro menino (poesia). Juiz de Fora: Franco Editora, 2003, ilustrações de Édimo Pereira; 2ª ed., Belo Horizonte: Mazza, 2013, ilustrações de Anabella López.

Os comedores de palavras (prosa). Belo Horizonte: Mazza, 2004, com Rosa Margarida de C. Rocha.

Os reizinhos de Congo (prosa). São Paulo: Editora Paulinas, 2004, ilustrações de Graça Lima.

Histórias trazidas por um cavalo marinho (prosa). São Paulo: Paulinas, 2005, ilustrações de Denise Nascimento.

Loas a Surundunga: subsídios sobre o Congado para estudantes do ensino médio e fundamental. Juiz de Fora: Franco Editora, 2005, ilustrações de Antônio Sérgio Moreira.

O Congado para crianças (poesia). Belo Horizonte: Mazza, 2006, ilustrações de Rubem Filho.

Rua Luanda (poesia). São Paulo: Paulinas, 2007, ilustrações de Rubem Filho.

As falas da aranha (poesia). Belo Horizonte: Nandyala, 2009, ilustrações de Rubem Filho.

A nora e outros não bichos (poesia). Belo Horizonte: Mazza, 2013, ilustrações de Veruschka Guerra.

Poemas para ler com palmas (poesia). Belo Horizonte: Mazza, 2017, ilustrações de Maurício Negro.

OBRA ENSAÍSTICA
(em coautoria com Núbia Pereira)

Negras raízes mineiras: os Arturos. Juiz de Fora: Ministério da Cultura/ EdUFJF, 1988. 2ª ed., Belo Horizonte: Mazza, 2000.

Assim se benze em Minas Gerais: um estudo sobre a cura através da palavra. Juiz de Fora/Belo Horizonte: EdUFJF/Mazza, 1989; 2ª ed., Belo Horizonte: Mazza, 2004; 3ª ed., 2018.

Arturos: olhos do Rosário. Belo Horizonte: Mazza, 1990.

Mundo encaixado: significação da cultura popular. Belo Horizonte: Mazza, 1992.

Do presépio à balança: representações sociais da vida religiosa. Belo Horizonte: Mazza, 1995.

Ardis da imagem: exclusão étnica e violência nos discursos da cultura brasileira. Belo Horizonte: Mazza/Editora PUC-MG, 2001; 2ª ed., Belo Horizonte: Mazza, 2018.

Flor do não esquecimento: cultura popular e processos de transformação. Belo Horizonte: Autêntica, 2002.

Ouro Preto da palavra: narrativas de preceito do Congado em Minas Gerais. Belo Horizonte: Editora PUC-MG/Mazza, 2003.

OBRA ENSAÍSTICA INDIVIDUAL

Os tambores estão frios: herança cultural e sincretismo religioso no ritual de Candombe. Juiz de Fora/Belo Horizonte: Funalfa/Mazza, 2005.

Malungos na escola: questões sobre culturas afrodescendentes e educação. São Paulo: Paulinas, 2007.

Blue note: entrevista imaginada. Belo Horizonte: Nandyala, 2013.

A saliva da fala: notas sobre a poética banto-católica no Brasil. Rio de Janeiro: Azougue, 2017.

Entre Orfe(x)u e Exunouveau: análise de uma estética de base afrodiaspórica na literatura brasileira. Rio de Janeiro: Azougue, 2017.

Anotações sobre a paisagem: a poesia de Eustáquio Gorgone e de Prisca Agustoni. Belo Horizonte: Mazza, 2019 (no prelo).

OBRAS DE ENSAIOS ORGANIZADAS PELO AUTOR

Um tigre na floresta de signos: estudos sobre poesia e demandas sociais no Brasil. Belo Horizonte/Juiz de Fora: Mazza/PPGLetras-UFJF, 2010.

OBRAS COORGANIZADAS

Depois, o Atlântico: modos de pensar, crer e narrar na diáspora africana. Juiz de Fora: Editora UFJF, 2010, com Robert Daibert Jr.

No berço da noite: religião e arte em encenações de subjetividades afrodescendentes. Juiz de Fora: MAMM, 2012, com Robert Daibert Jr.

Este livro foi composto em Sabon,
pela Bracher & Malta, com CTP da
New Print e impressão da Graphium
em papel Pólen Soft 80 g/m² da Cia.
Suzano de Papel e Celulose para a
Editora 34, em dezembro de 2019.